한국의 사상 정세와 새 공화주의

한국의 사상 정세와 새 공화주의

구갑우 · 백승욱 · 유희석 · 이일영 · 장은주 · 황순식

대한민국, 서울, 박영률출판사, 2025

한국의 사상 정세와 새 공화주의

지은이 구갑우 · 백승욱 · 유희석 · 이일영 · 장은주 · 황순식
펴낸이 박영률

초판 1쇄 펴낸날 2025년 11월 7일

박영률출판사
출판등록 제313-1997-000018호(1997년 2월 13일)
02880 서울시 성북구 성북로 5-11
전화(02) 7474 001, 팩스(02) 736 5047
commbooks@commbooks.com
www.commbooks.com

ISBN 978-89-5887-256-6 03340

책값은 뒤표지에 표시되어 있습니다.

여기 지금, 왜 공화주의인가?

지난 몇 년간 《동향과 전망》은 세계적·국내적으로 분열과 침체가 심화되는 국면에 대응하는 사상 담론으로 공화주의에 주목해 왔다. 상황이 급박해진 것은 2024년 12월 윤석열 정부가 발동한 비상계엄 때문이다. 우리는 민주주의를 지킬 수 있다는 믿음과 함께 지금까지 우리 사회를 지탱해 온 질서는 더 이상 작동할 수 없다는 절박감을 공유했다. 시국에 반응하면서 우리 현실에 부합하는 비전과 사상에 대한 고민과 토론을 이어 갔다. 계엄, 탄핵, 대선으로 이어지는 6개월 동안 우리는 집단적 토론의 과정을 점검하는 차원에서 두 권의 무크와 세 권의 단행본을 출간했다.

이번에는 지금까지의 《동향과 전망》의 노력을 재점검하는 질문을 다시 던져 보고자 한다. 여기 지금, 왜 공화주의인가?

공화주의 논의를 본격화하게 된 계기는 역시 민주공화국의 위기 때문이다. 《탄핵 시국과 새 공화국의 미래》(2025.1.)는 국회가 대통령 탄핵을 소추하고 광장에 시민이 쏟아져 나온 시점에서 내놓은 것이다. 여기에서는 탄핵과 대선 이후에도 체제적 카오스로부터 벗어나기 쉽지 않다는 인식, 공화주의와 민중주의를 결합하는 비전의 골격을 드러냈다. 이후 헌재의 탄핵 심판이 진행되면서 광장과 정치권에서의 대결이 격화되었다. 국민들이 극도의 불안과 초조감에 시달리던 시기에 우리는 《탄핵 이후, 새로운 공화국을 위하여: 연합정치와 새 공화주의 국가 비전》(2025.4.)이라는 책을 냈다. 이 책에서는 "민주헌정의 기초를 다지고 새로운 공화국을 건설하자"라는 주장을 기조로 삼아, 연합정치와 '새 공화주의'에 입각한 공화국의 사상·정치·정책의 화두를 던졌다.

이와 함께 그간 《동향과 전망》에서 진행한 공화주의 관련 학술 논문을 체계화하여 세 권의 단행본으로 출간했다(2025.7.). 이는 《새 공화주의와 한반도 평화: 비지배 평화와 아시아 공화주의》, 《새 공화주의 경제 체제: 공화적 성장 모델의 모색》, 《위기의 한국 정치와 공화주의 대안》 등이다. 이 단행본들에서는 '새 공화주의' 사상 담론을 발전시켜 나가려는 의지를 좀 더 분명히 제시했다. 이 책들에서 공화주의를 발전시키려는 방향은 다음과 같다. 첫째, '공동의 것'을 추구하는 공화주의를 새로운 사상 실천·실험의 출발점으로 삼을 수 있다는 것이다. 둘째, 공화주의는 한반도 평화의 공화주의, 경제적·지역적·글로벌 공화주의, 정치적·

시민적 공화주의로 확장·심화되어야 한다는 것이다.

민주공화국의 위기는 2025년 6월 4일 새 정부가 출범하면서 일단락되었다. 그러나 민주공화국을 작동하게 하는 사상적 기초와 시스템 원리는 아직 흐릿하다. 이재명 정부는 '국민주권정부'라는 별칭도 쓰기로 했다. 국가 비전을 "국민이 주인인 나라, 함께 행복한 대한민국"으로, 국정 목표 중 첫째를 "국민이 하나 되는 정치"로 내걸었다. 그런데 국민주권이 무엇인지, 어떻게 국민이 주인이 되고 하나가 되는지에 대해서는 여전히 구체적인 내용을 말하기 어렵다. 우리는, 여기 지금, 민주공화국을 구성하는 사상과 원리에 대한 본격적인 논쟁이 필요하다고 생각한다.

이 책의 1부에서는 현 단계 한국의 사상 정세에 대해 토론하면서 그간 《동향과 전망》이 제시한 새 공화주의 담론을 점검해 본다. 먼저 8월 22일 새로운 사상의 모색이 필요하다는 데 공감하는 분들을 모시고 좌담을 진행했다. 구갑우(북한대학원대), 장은주(영산대)는 공화주의의 심화·확대 방향을 논했고, 백승욱(중앙대)은 사회주의의 전제인 자유주의 사상을 확장할 것을 주장했다. 유희석(전남대)은 분단체제론의 관점에서, 황순식(전국비상시국회의)은 시민사회의 입장에서 공화주의 사상과 연합정치의 현실·가능성을 논의했다.

2부는 좌담 참여자들의 에세이를 모은 것이다. 항상 만나고 이야기한 뒤에는 아쉬움이 남는다. 이번에도 시간의 제약, 대면 상황에서의 예절 때문에 못다 한 얘기가 많았던 것 같다. 그래서 좌담에 참석한 분들께 좌담을 보완하는 좀 더 솔직한 에세이를 써 줄 것을 부탁했다.

구갑우는 새 공화주의 담론의 새로움으로 자의적 지배에 대한 저항과 비판, 실천적 정치경제학의 재구축, 일국적 변혁을 넘어선 국제 관계 변혁을 위한 새로운 무기라는 점을 제시한다. 백승욱은 새 공화주의 논의가 거리 두기 전략, 주류에 올라타기 전략, 모두 까기 전략 등 사이에서 모호한 모색을 계속하고 있다고 비판하면서 공화주의와 자유주의와의 관련성에 대한 대답을 촉구한다. 유희석은《창작과비평》에서 내놓은 근대의 이중과제론 및 변혁적 중도론과《동향과 전망》이 개척하고 있는 새 공화주의 담론의 접점에 대한 숙고의 필요성을 이야기한다. 장은주는 자유민주주의 체제 자체에 대한 발본적 성찰과 혁신의 필요성, 서구 신공화주의·유교적 정치 전통·한국 고유의 민주적 전통을 재구성한 '민주적 공화주의' 정치철학을 논한다. 황순식은 거대 양당의 정책적 차이가 줄어들면서 이념적 복고와 향수에 기반한 정치투쟁은 더 강해지는 구조적 상황을 짚고, 이러한 조건 속에 있는 이재명 정부의 과제를 논한다.

이 책 말미에는 몇 가지 자료를 덧붙인다. 그간 있었던 새 공화주의 논의의 취지와 골격을 일별할 수 있는 새 공화주의에 관한 세 권 단행본의 머리말을 첨부한다. 그리고 계엄-탄핵-대선 과정에서 시민사회가 시도한 공화주의적 연합정치의 산물인 5.9 공동선언문, 새로 출범한 이재명 정부의 비전과 국정 계획을 함께 싣는다. 이들 자료를 보면 공화주의 논의의 진전 상황 그리고 한국 현실의 단면을 얼마간 파악할 수 있을 것이다.

좌담에 참석하고 그 이후 추가적인 원고 청탁에도 응해준 다섯 분들께 다시 감사드린다. 이 기획을 지지하고 책을 만들어 주신 출판사의 박영률 대표, 황인혁 본부장, 염세정 편집자께도 또한 고맙다. 마지막으로, 이 책을 내는 목적을 다시 돌아본다. "우리의 기본적인 입장은 '정책·제도는 중요하다, 그런데 사상은 더 중요하다'는 것이다."(이 책 좌담의 마지막 부분) "우리의 사상적 실험이, 새로운 질서의 벽돌이 될 수 있기를 감히 희망해 본다."(세 권 단행본, "새 공화주의 대안 기획을 시작하며")

2025년 9월 10일

이일영 씀

차례

1부 좌담
한국의 사상 정세와 새 공화주의

참석자

이일영 사회, 한신대학교

구갑우 북한대학원대학교

유희석 전남대학교

백승욱 중앙대학교

장은주 영산대학교

황순식 전국비상시국회의

한국의 사상 정세와 새 공화주의

일시: 2025년 8월 22일

장소: 커뮤니케이션북스 사옥

새로운 비전과 사상 논쟁을 촉발해 보자

이일영 《동향과 전망》에서 '새 공화주의' 논의를 계속해 왔다. 공화주의 논의를 시작한 것은 우리가 처한 상황이 심각한 격변 속에 있다는 문제의식에서였다. 세계적 격변도 진행되고 있다고 볼 수 있고 국내에서도 작년 말부터 큰 엄청난 변화가 있었다. 윤석열 정부가 내적으로 붕괴했고 광장 시민들이 국면에 개입하게 되었다. 그리고 민주당 중심의 정치 질서가 구축됐다.

이 과정에서 《동향과 전망》이 대응했다. 우리는 계엄 사태 후 모여 2025년 1월에 《탄핵 시국과 새 공화국의 미래》라는 책을 냈다. 긴급히 기획해서 좌담을 하고 세 개의 시국 논평을 붙였다. 그러고는 다시 탄핵 이후의 질서를 어떻게 구축해야 할지 논의를 이어 갔다. 탄핵이 길어지며 당시 시국이 안개 속이었지만, 그럼에도 불구하고 탄핵은 매듭이 지어질 것이니 새로운 질서에 대한 논의를 해 보자는 생각이었다. 그래서 '연합정치와 새 공화주의 국가 비전'을 키워드로 4월에 책을 또 한 권 냈다. 정교하게 계획을 해서 낸 것은 아니고, 시국에 대응하면서 냈다. 그러다 보니 3~4년간 계속해 온 공화주의 논의를 모아서 체계화하는 것이 좋겠다는 생각을 하게 되었다. 이렇게 해서 7월에 나온 책이 《새 공화주의와 한반도 평화》, 《새 공화주의 경제 체제》, 그리고 《위기의 한국 정치와 공화주의 대안》 이 세 권이다.

앞으로 이 공화주의 시리즈를 계속할 생각인데, 지금 우리의 시국이나 사상적 정세에 이 책들이 얼마나 부응하고 있는지 점검하고 평가해 볼 필요가 있겠다. 단순히 학술적인 작업을 하자는 것만은 아니고 새로운 비전과 사상 논쟁을 촉발해 보자는 뜻인데, 향후 어떻게 헤쳐 가면 좋을지에 대한 도움을 구하고 싶어서 여러분을 모셨다. 책의 주요 필자들을 모셨고, 논평과 논쟁의 길을 열어 가 주십사 하는 차원에서 토론자를 모셨다. 일단 간단히 자기소개부터 하고 넘어가겠다. 구갑우 선생님부터 하겠다. 부탁드린다.

구갑우 북한대학원대학교에 있는 구갑우다. 한반도 평화를 중심으로 여러 가지 생각을 하고 있다.

유희석 전남대학교에 있다. 광주 시민이 된 지는 5년 되었다. 전공은 영문학인데 이것저것 듣고 배우려는 자세로 나왔다. 시국에 대해서는 다들 그럴듯이 할 얘기가 있는데, 얼마나 할 수 있을지는 모르겠다.

장은주 장은주라고 한다. 부산에 있는 영산대학교에서 교양 철학을 가르친다. 반갑다.

황순식 전국비상시국회의에서 대외협력위원장으로 있다. '윤석열즉각퇴진·사회대개혁 비상행동' 당시 사회대개혁위원회 공동위원장을 하면서 정책도 만들었다. 그리고 구갑우 선생님에게 박사 논문 지도를 받고 있다. 책 세 권은 공부한다는 심정으로 열심히 읽었다.

백승욱 백승욱이다. 중앙대학교 사회학과에 있다. 이일영 선생님께서 많은 활동을 하는 것을 보며 가끔 이야기를 듣고 있었는데, 의미가 깊을 것 같아 함께 이야기를 나누러 왔다.

격변하는 시국과 새 공화주의 담론

이일영 모신 취지를 말씀드리겠다. 구갑우 교수와 장은주 교수는 앞서 낸 책의 주요 필자였다. 유희석 교수는《창작과비평》편집위원으로 활동하고 있는데, 간간이《동향과 전망》에도 글을 보내 주셨다. 장은주 교수는 우리나라에서 상당히 앞서 공화주의 논의를 하셨기 때문에 진작 도움을 구했어야 했다. 논의를 기획하던 초기에 글도 흔쾌히 보내 주었다. 유희석 교수를 모신 것은 인문학자로서 분단 체제, 세계 체제 등에도 관심이 많으며 시국에 대한 의견도 있으시니《동향과 전망》의 새 공화주의 작업을 어떻게 보는지 묻고 싶었다. 황순식 선생님은 시민사회를 대표하는 입장에서, 요즘 시민사회의 상황을 포함한 시각에서 논의해 주시길 바란다. 황 선생님을 모신 데는 상대적으로 젊으신 분을 모셔야겠다는 취지도 있었다(웃음). 백승욱 교수는 한국에서의 사상사 부재 문제를 제기하면서 왕성한 사상적 활동을 하고 있다.《동향과 전망》의 공화주의 논의에 대해서 비판을 포함한 의견을 구하고자 모셨다. 이 정도로 간단한 소개 말씀을 드렸다.

다음으로, 저희가 사상 논의를 해야 한다는 생각을 하게 된 배경에 대해 말씀드리겠다.《동향과 전망》은 정책 대안을 내는 것을 목표로 1988년에 창간했다. 40년 가까이 된 것이니 나름 연륜이 쌓였다. 창간은 1987년 6월 항쟁과 12월 대선 패배의 산물이라고 할 수 있다. 당시에는 정책 대안이 부족해서 대중의 열망에 부응하지 못하고 대선에 패배하는 등 일이 잘 안 되었다고 생각했다. 운동과 정치가 국민의 신뢰를 받지 못하는 대목이 있다고 판단해서 그 부분을 보완해야겠다고 생각했다. 운동에 있어서 대안적 정책이 있어야 한다는 취지였다. 실사구시하자는 것이었는데, 이는 이념과 사상을 떠난다기보다 그것을 형성하기 위해서는 현실에 발을 디뎌야 한다는 문제의식이었다. 곧 40주년이 되는데, 계속 사이클이 순환하는 것 같다. 열정과 환멸이 반복되는 식으로. 대중들은 광장에도 많이 나오고 운동도 열심히 하는 것 같은데 새로운 질서와 제도의 방향성을 점검해야 하는 상황이 아닌가 싶다. 꽤 오랜 시간 우리가 북극성 없이 살고 있다고 그래서 사상 논의가 필요하다고 생각하게 되었다. 시국과 사상 정세를 연결해서 볼 필요가 있겠다.

한국은 말 그대로 격변의 시기를 겪어 왔고 앞으로도 과거와는 다른 미래가 기다리고 있다. 특히 윤석열의 계엄 선포 이후 8~9개월을 어떻게 지내셨는지, 어떤 경험과 생각을 하셨는지 궁금하다. 나는 윤석열 정부 출범 이후 영육의 건강이 아주 안 좋아졌는데, 지금은 조금 회복된 편이다. 하지만 말끔히 회복된 것 같지는 않다. 다들 느낌이 다르실 것 같다. 간단히 소감을 짚어 주면 좋겠다.

구갑우 계엄과 관련한 개인적 경험을 말하자면, 우연히 비상계엄 선포를 생중계로 보게 되었다. TV를 보고 있는데 종편 채널이 갑자기 바뀌더니 대통령실에서 발표할 것이 있다고 했다. 이 밤에 무슨 짓인가 싶었는데 굉장히 기묘한 분위기였다. 의자에 앉아 무슨 이야기를 하는데, 들리는 것은 계엄을 선포한다는 말이었다. 첫인상은 '지금 뭐 하는 거지?' 싶어 웃음이 나왔지만 무섭기도 했다. 포고문이 나오고부터는 상황이 심각하다는 것을 깨달았다. 여기 계신 황순식 선생에게도 연락했다.

황순식 내일 아침의 행동 지침을 달라고 하셨다.

구갑우 그때 몇몇 사람에게 내일 아침에 무엇을 해야 하느냐고 물었다. 계엄 선포 행위가 쉽게 역전되리라고 생각하지 못했다. 과거의 경험들이 훨씬 더 강하게 작동했다. 그 당시 주변 사람들은 여의도로 가야 한다고 생각했고 실제로 행동에 옮겼던 친구들도 꽤 있었다. 계엄이 해제되기까지 시간이 오래 걸릴 것이라 생각하고 앞으로 어떻게 해야 할지를 고민하고 있었다. 여의도로 갔던 시민들과 국회의원들이 적극적으로 공화국을 지키겠다는 의지를 보인 것에 굉장히 놀랐다. 얼마 지나지 않아 계엄이 무력화되는 상황을 보면서 한국 민주주의의 힘, 요즘 많이 사용하는 표현인 회복력을 짧은 시간이지만 절감할 수 있었다. 굉장한 위기 상황처럼 보이기도 했지만 우리 스스로 그것을 극복해 나갈 수 있다는 저력을 확인한 계기이기도 했다.

외국의 시선에 대한 말을 보태고 싶다. 계엄이 선포된 것이 한국에서는 밤 10시가 넘은 시간이라 아침에 일어나서야 계엄이 선포되었다가 취소된 과정을 알게 된 사람도 꽤 있었다. 하지만 유럽과 미국에서는 시차 때문에 상황을 굉장히 다르게 봤다. 미국에서는 아침에, 유럽에서는 오후 시간에 생중계로 보게 된 셈이었다. 그렇기 때문에 그들이 느끼는 강도는 우리가 느낀 것과 약간 차이가 있었다. 군사력이 세계 상위권이고 GDP가 세계 10~14위 정도 되는 나라에서 민주주의가 한순간에 붕괴하고 다시 회복하는 모습을 일상 시간 속에서 볼 수 있었다는 사실이 그들에게 한국은 정말 이상한 나라라는 생각을 하게 만들었다. 해외 저널에서 한국 내부에서 무슨 얘기들이 오가는지를 궁금해하기 시작했다. 작은 특집호를 만들어 소개해 달라고 요청

할 정도로, 우리가 느끼는 것과 해외에서 보는 시선이 다르다. 정리하자면, 나락으로 떨어질 뻔한 위기를 극복해 내는 능력에 많은 관심을 가지고 있다는 생각이 든다.

이일영 다음으로 유희석 교수의 이야기를 듣겠다.

유희석 편하게 이야기하겠다. 개인적인 이야기부터 시작하면, 지난 10년간 다소 비관적 현실주의에 가까운 태도를 견지해 왔다. 다만 사는 자세만은 하루하루를 즐겁고 낙관적으로 살자는 것이었다. 2024년 12월 3일, 카투사에 있는 제자가 문자를 보내서 계엄 소식을 알게 되었다. 카투사는 일과 후에도 핸드폰을 소지할 수 있어서 가능했다. 계엄 방송이 나왔다며 이게 무슨 일이냐고 묻기에, 지금 윤석열이 열심히 자기 무덤 파고 있으니 걱정 말고 자라고 답했다.

내가 무슨 예언가는 아니지만 윤석열 정부가 들어서고 얼마 되지 않아서 이 정부는 외부의 힘이나 충격이 아니라 스스로로 인해 무너질 거라는 예감이 강하게 들었다. 어떤 공식적인 자리에서는 그런 말을 입 밖으로 꺼내기도 했었다. 시간이 더 지나면서 민주당과 윤석열 정부는 탄핵과 거부권을 주고받으며 최악의 균형 상태를 지속했고 마찰 강도는 점점 세졌다. 급기야 윤석열이 계엄을 할 거라는 말까지 민주당 일각에서 나돌기 시작했다. 그때 나는 반신반의했다. 그 정도로 윤석열이 무모할까 자문하다가도, '아, 충분히 무모할 수 있다'는 결론에 도달하곤 했었다.

아무튼 어떤 경우든 민주당 자력으로는 윤석열 정부를 끝장낼 수 없다는 판단만은 변함이 없었다. 단순히 시위하는 시민들의 세가 더 불어나느냐 마느냐의 문제는 아니었다. 민주당과 그 위성정당의 정치 행태에 대한 깊은 환멸감 때문이었고, 이 환멸감은 한국 사회에 광범위하게 퍼져 있었다. 나는 당시 윤석열 행정부와 집권 여당의 기가 차는 통치 행위를 보면서 그런 환멸감의 발화를 극도로 자제하고 있었을 뿐이다.

그러던 와중에 윤석열이 계엄을 선포했다. 새벽 3시까지 상황을 생중계로 지켜보면서, 한국의 민주주의가 소위 장기화된 '87년 체제'라고 한다면 여기서 이 체제를 끝장내지 못하면 우리 후손에게 정말 답이 없는 미래를 물려줄 거라는 생각이 들었다. 돌이켜 보면 이 내란 사태가 천우신조라는 말을 하는 사람들이 있고 나 자신도 농반진반 그런 말에 맞장구친 적도 있다. 그러나 그와 같은 사자성어로 민주당 정부로의 권력 이동을 눙칠 일이 아니다. 21세기 첫 25년의 한국 정치와 한반도 정세를 좀 더 철저하고 (자기)비판적으로 복기해야 할 계제이기 때문이다.

일각에서는 현 상황에 굉장히 고무되어 있는 것 같다. 세계에서 유례를 찾아보기 힘든 평화혁명 운운하는 그 기분을 일면 이해하면서도 사실은 엄청나게 불안하다. 당장 우리 안팎으로 산적한 문제는 거론치 않아도 불안한 이유는 다들 느끼다시피 너무도 많다. 작금의 기후 위기만 보더라도 1950년대 냉전 시대에 (서구) 사람들이 공포에 떨었던 핵전쟁의 가능성과도 차원이 다른 위기감이 엄습한다. 그것은 상상으로 만들어 내는 불안이 아니라 지금 이 순간에 우리 발밑에서 벌어지는 실제 상황에서의 위기의식이다. 따라서 이재명이라는 지도자 개인의 리더십 문제보다 구조적인 차원에서 우리가 87년 체제를 끝장낼 수 있는 모멘텀을 가지고 있는지가 더 중요하다. 이에 대해 더 치열한 자기 성찰이 필요하다. 어쩌면 '빛의 혁명'에 들떠서 새로운 청사진을 다시 그려 보는 일보다 '이 일을 어찌할꼬'가 더 화급한 화두일지도 모른다.

어쨌든 좌담에 초청받고 준비하는 과정에서 《동향과 전망》 편집진이 그간 동서양의 공화주의 담론을 새롭게 발굴하면서 새로운 길을 모색하고 있었던 것을 제대로 모르고 있었다는 생각이 들었다. 오늘 무슨 이야기가 나올지 궁금하다.

민주주의 회복과 함께 진행된 극우의 제도화

이일영 구갑우 교수는 회복력을, 유희석 교수는 불안감을 말했다. 새로운 정부가 출범한 지 두 달이 좀 넘었는데, 이 사실까지 반영해서 새로운 그림이 보이지 않는다는 불안감을 말씀하신 것 같다. 장은주 교수는 어땠나.

장은주 다른 분들과 비슷한 충격을 받았다. 총선 이후 거부를 위한 거부가 이어지는 비토크라시(vetocracy)적 대치 상태가 어떤 식으로 귀결될지 궁금해하고 있었는데, 계엄 과정을 보면서 이런 식으로 깨진다는 것을 느꼈다. 처음에는 공포였고, 다행히 아주 빠르게 계엄이 해제되면서 안도했지만, 사실 계엄 이후 벌어진 '1.19 서부지법 폭동'이 더 충격적이었다. 그 이후 극우의 준동 과정을 보면서 이 사태 전체를 다시 점검해 봐야겠다고 느꼈다. 우리에게 이런 사태를 제대로 이해할 수 있는 이론적 기반이나 패러다임이 전혀 없는 것 같아 당황스러웠다.

계엄 직전만 하더라도 윤석열 지지율은 30% 미만이었고, 계엄 직후에는 80%가량이 탄핵에 찬성했다. 하지만 몇 번의 기자회견과 상황 전개를 거치면서 갑자기 탄핵 반대 여론이 높아지고, 국민의힘 지지율이 40%에 육박했으며,

윤석열 지지율도 올라갔다. 보수 과표집이라는 등 여러 해명이 있었지만 이러한 현상이 무엇 때문인지 이해하기 어려웠다. 극우가 우리 사회 한구석에 있는 어느 사회에나 있기 마련인 세력이라고만 생각했는데 그게 아니었다. 신진욱을 비롯한 학자들이 극우가 주류화되고 있다고 표현하는데 이에 대한 고민을 많이 했다. 그래서 당시 칼럼에 '파시즘이 온다'고 썼다. 아직 도착하지는 않았지만 이런 현상은 파시즘, 극우 포퓰리즘 같은 개념 없이는 설명할 길이 없다. 솔직히 말해 아직 충분히 이해되고 정리된 사건은 아닌 것 같다. 그리고 여전히 현재진행형이다.

미국의 사례와 비교해 볼 수 있다. 트럼프 1기 행정부가 끝나고 민주당이 집권했지만, 트럼프는 내란에 가까운 사태를 일으키고 탄핵 및 사법 처리 직전까지 갔다가 다시 부활해서 2기로 돌아왔다. 더 강력한 지지 기반과 인적 자원을 가지고 돌아와서 미국의 민주주의 자체를 무너뜨리는 방향으로 가고 있다. 유사한 일이 우리나라에서 일어나지 않으리라는 법이 없다. 물론 제도적으로 윤석열이 다시 돌아올 일은 없겠지만, 현 국민의힘 당 대표도 극우적인 입장을 취할 가능성이 커 보이는 상황에서 국민의힘은 미국의 공화당만큼이나 집권 가능성이 큰 극우 정당이 될 수 있다.

지금은 정권 초기라 대통령과 정부에 대한 지지도가 높

고 기대가 있지만, 우리가 역사적으로 경험했듯이 이재명 대통령 개인의 역량과 무관하게 민주당 자체가 위기 상황을 잘 관리할 수 있는 정치적 위치에 있지 않고 그런 역량도 갖추지 못한 것 아닌가 하는 생각이 든다. 윤석열 시대를 '극우 정부 1기'라고 표현할 수 있을지 모르겠지만 이런 문제가 누적되어 정권을 잃는 상황이 온다면 트럼프 사례처럼 새로운 국면이 전개될지도 모른다.

이일영 계엄 이후 탄핵 국면, 그리고 새 정부 출범까지 이어진 균열된 정치 구조를 당황스럽게 느끼시는 것 같다.

장은주 어떤 상황인지, 어떻게 해석해야 할지 알 수가 없어 당황했다.

연합정치 논의의 과정

이일영 소위 87년 체제에서의 적대적 균형이 돌출되었고, 극우가 주류화될 수도 있다는 생각이다. 황순식 선생은 요즘 어떠신가. 일선에서 고생이 많았을 것 같다.

황순식 계엄 선포 당시 전화를 받고 장난인 줄 알고 황당해했다. 당장 모처로 집합하라는 명령이 떨어졌다. 비상시국회의는 시민운동 주도자들이 다 잡혀갈지 모르는 상황이라 조직적 차원에서 숨어 있었다. 장인어른께서도 오래 운동을 하셨는데, 장모님께 "또 봅시다"라고 말하며 다시 못 볼 수도 있다는 긴장감 속에 나오셨다고 한다[황순식의 장인은 평화운동가 조성우(1950.3.~2025.1.)다]. 그런데 불과 두 시간 만에 계엄이 해제되고 국회로 가서 만세를 불렀다. 그리고 바로 다음 정권 문제를 고민했다. 그 전까지는 극한 대립 속에서 윤석열이 어떤 잘못을 해도, 퇴진 촛불 집회 등을 열어도 많은 시민들이 밖으로 나오지 않았다.

시민사회는 지난 박근혜 정부 이후 민주당이 보여 준 모습에 대한 실망감이 누적되어 있었다. 다음 정부는 달라야 한다고 생각했다. 당시 비상시국회의에서는 연합정치를 이야기하며 국정 연합을 해야 한다고 주장했다. 민주당이 단독으로 권력을 차지하고 나누지 않으려고 하면 똑같은 일이 반복될 것이라는 생각에 연합정치를 화두로 던지며 시민사회를 설득하던 것이 2025년 1월과 2월 상황이었다. 탄핵소추안이 국회를 통과한 다음에는 야당들과 시민사회가 힘을 합쳐 다음 정부를 구성해야 한다고 생각했다. 정치개혁과 개헌을 해야 한다는 목표를 가지고 움직였는데, 3

월에 갑자기 윤석열이 구속 취소로 석방되어 걸어 나왔다. 그것도 충격적이었는데, 더 놀라웠던 것은 민주당의 반응이다. 그들은 전혀 상상하지 못했다는 듯 당황했다. 곧 집권할 다수당이면서 그 정도 정보력과 예측력도 없다는 사실이 더 당혹스러웠다.

윤석열이 구치소에서 걸어 나온 이후로는 민주당도 긴장하며 야당을 만나기 시작했다. 4당(기본소득당, 사회민주당, 조국혁신당, 진보당)과 시위를 주도했던 비상행동 등 여섯 개 주체가 모여서 함께 싸웠고, 다음 정부는 힘을 합쳐야 한다는 데 어느 정도 합의가 되었다. 4월에는 5당이 원탁회의를 구성해서 정치 개혁, 개헌 등에 모두 서명했다.

이일영 좀 더 자세히 설명해 주면 좋겠다. 함께 싸우기로 한 여섯 주체를 다시 말씀해 달라. 원탁회의에서 서명한 5당의 대표자는 구체적으로 누구인가. 이후 상황은 어떻게 전개되었나.

황순식 그러니까 3월 9일 윤석열이 석방되고 나서 3월 10일 여섯 개 당(민주당, 조국혁신당, 진보당, 기본소득당, 사회민주당, 정의당)이 공동성명을 발표하고 함께 싸우기로 했다. 3월 17일에는 녹색당, 노동당까지 여덟 개 당이 함께한

각계 긴급 시국선언이 나왔다. 4월 15일에는 원내 5당 대표 명의로 원탁회의 합의문이 발표되었다. 이때 다섯 개 당 대표는 민주당 박찬대 직무대행, 조국혁신당 김선민 권한대행, 진보당 김재연 대표, 기본소득당 용혜인 대표, 사회민주당 한창민 대표 등이다.

그리고 5월 9일이 중요하다. 이때 원내 5당에 '광장대선연합정치시민연대'가 참여한 '연석회의'에서 공동선언문을 발표했다. '광장연대'는 윤석열 탄핵 직후 '비상행동'에 참여한 단체들의 핵심 활동가들 중 연합정치를 기반으로 한 사회대개혁, 정치 개혁, 개헌 등을 조건부로 이재명 후보에 대한 공개적 지지 의사를 가진 분들이 참여해 만든 단체다. 5.9 공동선언에 서명한 이는 광장연대 공동대표 4인(진보연대 박석운, 시국회의 이용길, YMCA 김경민, 정의기억연대 이나영)과 5당 대표였다. 5.9 선언에서는 '광장연대'가 이재명 후보를 대선 후보로 지지하는 한편 사회대개혁위원회 설치, 교섭단체 구성요건 완화, 결선투표제 등 구체적인 정치 개혁안과 국민 참여형 개헌에 합의했다. 그러고 나서 선거를 치렀다.

하지만 지금까지 별다른 진행이 없다. 결국 민주당은 여전히 '자강(自强)'을 하고 있다. 당 대표 선거 중이라 책임감 있게 만나기 어렵다더니 선거가 끝나고 다시 면담 신청을 하니 바쁘다며 거절했다. 대선에서 이재명 후보도 민주당의 자강론이 문제였다는 것을 인정하고 연설까지 했었는데 과거의 모습을 지금 똑같이 반복하고 있는 것 같다. 특히 정청래가 당 대표가 된 체제에서는 더욱 노골적일 것이라는 우려가 있다. 다만 최근 대통령실에서 사회대개혁위원회를 만들겠다는 연락이 와서 이야기를 나누고 있다.

이일영 대통령실과 당의 입장이 다른 것 같다.

황순식 섣불리 얘기하기 어렵다. 민주당 내부 정보를 많이 듣는 편이긴 하지만 아주 자세하게는 모른다.

이일영 이재명 대통령의 입장은 연합정치에 친화적인가?

황순식 어쨌든 대통령은 친화적인 입장을 취해 왔었다.

이일영 대통령이 가장 연합정치에 친화적이고 그 외에는 별로 관심이 없다고 느낀다는 뜻인가.

황순식 초반에는 그랬는데, 지금은 모르겠다. 얼마 전까지만 해도 대통령은 의지가 있다고 생각했는데, 요즘은 의심이 점점 커지고 있다. 대통령의 생각이 바뀐 것 아니냐는 시각이 늘어나고 있다. 하지만 아직 완전히 닫힌 것은 아니니 시민사회가 하기 나름인데, 솔직히 반성하자면 선거가 끝난 후 당도 시민사회도 따로 민주당과 교섭하려는 모습들을 보였다. 뭉쳐서 함께하는 것이 쉽지 않다. 시민사회도 예전처럼 똘똘 뭉치는 힘이 약해진 것을 반성하고 극복해 나가야 한다.

구갑우 《동향과 전망》에서 '연합정치'라는 말을 쓰는데, 무엇과 무엇이 연합하는 것인가? 연합이라는 것이 도대체 무엇인가?

백승욱 연립 정부인가?

구갑우 두 가지 의미가 겹쳐 있는 것처럼 보인다. 중도 우파를 포함하는 새로운 정치 세력 구상을 위해 오른쪽으로 이동해야 한다는 생각이 있다. 다른 한편으로는 정치적 대표를 자임하는 시민사회 세력과 연합해야 한다는, 즉 왼쪽으로 더 이동해야 한다는 생각이 있다. 두 의견이 경쟁하고 있었던 것처럼 보인다.

이일영 우리는 연합정치가 광장과 연합하는 것을 의미한다고 이해한다.

이재명 정부가 처한 조건

구갑우 일상적인 맥락과는 다르다. 1987년 이후 선거들을 보면 단순 다수결 방식하에서 득표율 50%를 넘기는 것이 통치의 안정성을 확보하는 데 중요해 보인다. 그런데 이번 선거에서도 절반을 넘지 못했다.

이일영 비슷한 성향끼리 합쳐서 보면 세력 간에는 비슷하다. 민주당과 정의당 득표율을 합하면 2022년 대선에 50.2%, 2025년 대선에 50.4% 이다. 계엄과 탄핵을 거치고 국민의힘 쪽의 극우화가 진행되고 있는데도 이렇다.

구갑우 그렇다. 그렇기 때문에 책의 일부 주장처럼 연합정치는 정치 공학을 고려해서 오른쪽으로 이동하는 데 방점을 찍고 있었던 것 아닌가?

백승욱 대통령이 그렇게 한 것이다. 그런데 훼방을 받았다.

구갑우 대통령이 자신은 보수라고 말할 수 있었던 것도 흥미롭다. 오른쪽으로 이동해서 50%를 넘기겠다는 의도다.

백승욱 하나만 보태자면, 사람들은 현 집권 세력이 '절대왕정' 체제를 구축할 것을 우려했다. 하지만 나는 그들이 '호족 연합'처럼 보인다. 자유주의에 미달한다는 의미고, 이것이 계속 문제가 될 것이다. 문제가 적나라하게 드러난 사례가 사면권 남용이다. 이는 오래 전부터 반복된, 윤석열이 판에서 지워졌지만 여전히 존재하는 어떤 문제를 보여 준다.

이일영 백승욱 교수는 이번 참석자들 중에서 정세에 가장 비판적인 입장인 것 같다(웃음).

백승욱 나는 2012년 이후 정세를 전혀 다르게 보고 있다. 지속적인 하강 국면이다. 특히 2016년 촛불을 《창작과비평》에서는 혁명이라고 하지만, 나는 당시에도 그것은 1987년과 전혀 다르다고 주장했다. 민주당은 편승하고 대중은 주권자에 대해 성찰할 기회를 잃을 것이라고 논했다. 나는 내 입장을 '이론적 비관주의'라고 부르는데, 지식인들이 대중을 무조건 상찬해서는 안 된다고 생각한다.

계엄과 관련해서는 독특한 경험이 있다. 계엄이 선포된

날 '정치학교 반전'이라는 곳에서 중국 현대사를 강의하고 있었다. 10시 23분에 누가 이상한 소식이 있다고 했다. 조용히 하고 수업하자고 했는데, 윤석열이 계엄을 선포했다는 소식이었다. 11시쯤 강연을 중단하고 수강자 대부분이 국회로 갔는데 나는 '2주일 하야 각'이니 다음 주 세미나를 계속하겠다고 말했다. 오래 못 가고 다시 정상으로 돌아올 것이니 걱정하지 말라고 했다. 소극(笑劇, farce) 속의 소극이기 때문이다. 2016년 촛불이 소극이었고, 이번 사태는 그것의 되풀이다. 이 말을 이해하려면 먼저 2016년의 촛불 국면이 어떻게 진행되었는지를 봐야 한다. 다음으로는 그것이 왜 1991년과 연결되는지, 더 나아가 한국의 100년을 어떻게 볼 것인지가 중요하다.

그래서 다음 주에 2016년과 2024년을 비교하는 관점으로 강연을 했다. 2016년에는 세 가지 국면이 있었다. 1국면은 하야, 2국면은 탄핵, 3국면은 대선이 중심이었다. 시민사회의 모든 논의는 1국면에서만 가능했고, 2국면으로 가면서 사법의 시간이 되었다. 1국면에서 사람들은 민주당은 빠지라고 했지만 2국면부터는 헌법재판소와 민주당의 시간이 되어 결국 민주당이 집권했다.

그런데 지금은 1국면 없이 바로 2국면으로 시작했다. 정해진 길이다. 시민사회가 논의할 시간도 없이 민주당의 길로 가게 된다. 젊은 사람들은 자신들의 논의나 외침이 닿지 않고 그저 집회에서 준비된 발언에 동원되는 것이 고민이라고 토로했다. '2주일 하야 각'이라는 것은 강제로라도 연합해서 끌어내릴 수 있는 정치적 조건이 없었던 것은 아니라는 의미다. 한동훈 세력과 손을 잡을 수도 있었는데 그렇게 하지 않았다. 탄핵이 편하기 때문이다. 2주 하야 대신 8개월 탄핵을 택했고, 그 여파로 사람들이 엄청난 트라우마를 경험했다. 지식인들은 2주일 하야 각을 8개월 탄핵 국면으로 끌고 간 책임이 누구에게 있는지를 분석해야 한다. 그런데 연구를 위해 2016년을 다시 돌아보려 해도 정리된 글이 없었다. 당시 비상국민행동에서 낸 백서 하나와 통계 분석 자료 정도만 있을 뿐, 왜 민주당이 집권했는지에 대한 분석이 없다.

지금의 정치는 암약하는 내란 세력들을 발본색원하자는 것뿐이다. 문재인 정부의 적폐 청산과 다르지 않다. 87년 체제론을 넘지 못하는 사고다. 87년 체제론의 통속적 버전이 있는데, '암약하고 있는 적들과 싸워서 승리의 길로 가자'는 것이다. 이 일을 100년 동안 되풀이하고 있는데 언제까지 할 것인가? 영원히 할 것인가?

이러한 질문을 던지게 되는 것은 지식인의 무기력, 무능력 때문이다. 이 운동을 바깥에서 보고 있으면 기괴함을 느끼게 된다. 앞선 세대들이 너무 많은 것을 독점하고 있다. 60~80대가 광장의 앞 열을 차지하고 있는 것처럼 보이고, 그들은 자신이 1987년부터 거리에 나와 운동을 계속하고 있는데 여기에 동참하는 청년들이 훌륭하다고만 말한다.

광장 시민과 시민운동의 향방

이일영 황순식 선생은 실제 광장의 주체로서 운동을 했는데 광장을 구성한 이들에 대해 어떻게 보는가?

황순식 앞선 세대가 많이 나오는 것은 바람직하다고 본다. 그분들의 성향은 각기 다를 수 있지만 그것은 각자가 처한 여러 조건 때문이고, 이 문제에 대한 시민사회 안에서의 성찰도 있다. 오히려 놀라웠던 점은 광장에 나온 젊은 세대의 성비였다. 여성이 절대적으로 많았다.

백승욱 이 현상을 두고 20대 남성들이 극우화되었다는 이야기가 나오는데, 굉장히 위험한 담론이다. 그들을 극우라고 부르기 시작하면 앞선 세대의 무기력과 무능력이 덮인다. 가장 큰 문제는 지식인을 자처하는 86세대가 스스로 문제를 제기하지 않는 것이다. 86세대는 탄핵 이후를 해방 국면처럼 생각하지만 모든 사람들이 그렇게 생각하지는 않는다.

유희석 21세기 들어 한국 사회가 하강 국면인지 아니면 지그재그로 운동을 하고 있는 것인지 판단하기가 어렵다. 횡이동만 하고 있다면 정체인데, 조금씩이라도 나아가고 있는 것인지 모르겠다. 김상준 교수가 2016년 박근혜 탄핵 때 '또 다른 독재가 온다'는 테제를 내세웠었다. '마(魔)의 순환 고리'를 얘기했는데, 윤석열 정부가 등장하면서 그 말이 딱 맞았다.

장은주 마의 순환 고리? 잘 모르는 사람을 위해 무슨 이야기인지 설명해 줄 수 있나.

유희석 이것도 거의 10년 전 이야기다. 2016년에 세계사에서 유례를 찾기 힘든 평화적 정권 교체를 이루고 1~2년간 장밋빛 전망이 가득했다. 그런데 2019년 10월 초부터 불거진 이른바 조국 사태가 진행되는 상황에서 김상준 교수는 북한과 연동된 대한민국이라는 국가 내부의 구조적 문제가 해결되지 않았기 때문에 독재의 악순환이 반복되리라고 분석했다(김상준, 2019). 그는 2016~2017년의 촛불혁명을 분석하면서 "먼저 한국 현대사 차원에서 볼 때 두드러진 점은 이번 촛불혁명이 1960년의 4.19혁명과 1987년의 민주항쟁에 이은, 대략 30년 간격으로 터져 나온 거대한 민주주의에 대한 열망의 세 번째 분출이라는 사실"을 지적하면서 4.19와 1987년 민주화가 "결국은 강고한 독재로 귀결되고 말았다"라는 진단을 내렸다. 그러면서 거대한 민주화 열망을 냉혹한 독재 체제가 회수하고야 마는 그런 현상을 '마의 순환 고리' 또는 '독재의 반복 고리'로 명명했다.

이 논제에 대해 길게 논할 계제는 아니고 나 자신도 전적으로 동의하기 힘든 테제이기도 하다. 그러나 적어도 문재인 정권에 이은 윤석열 정권에 관한 한 적중한 분석이었고 앞으로도 유념할 만한 통찰이 있다. 천신만고 끝에 들어선 이재명 정부도 백승욱 교수의 주장대로 하강 국면의 일부인지 모르겠다. 하지만 윤석열의 내란이 양식 있는 시민에 의해 진압된 것만은 분명한 사실이다. '내란의 밤' 당시 야당인 민주당의 역할도 물론 무시할 수 없다. 그러나 기본적으로 그들 역시 기득권 집단의 일부로 전락한 지 오래라고 생각한다. 국회에서 압도적 다수를 차지한 저들도 '내란의 밤'을 불러온 책임이 전혀 없다고 단언할 수 없지 않나. 오죽했으면 윤석열 탄핵 심판 헌법재판소 선고문에 바로 그 점을 꼬집듯이 집어넣었을까. 거듭 강조하지만 입법 권력과 행정 권력 사이에 극단적인 방식으로 지속된 '나쁜 균형'을 끝장낸 것은 입법 권력이 아니라 결국 시민들이었다.

이래저래 김대중, 노무현, 보수 정부, 박근혜 탄핵, 문재인 등장의 연속선상에서 이 상황을 사유해야 한다. 엄밀히 말하면 악순환이 반복되는 데는 분단의 제약이 굉장히 크게 작용한다고 본다. 분단의 제약이 좌우를 막론하고 끊임없이 증오와 자기 독단적인 진영과 대결 구도를 만들어 내고 있다. 분단이 상수로 작용하고 공기처럼 퍼져 있기 때문에 여기서 돌파구가 열리지 않는 한 한국 사회 내부의 결정적인 문제를 해결하기 어렵겠다고 생각한다. 그런데 열릴 기미가 보이지 않는다. 지금도 이재명 정부가 굉장히 많은 것을 하고 있는 것 같지만, 내 눈에는 한 치 앞도 못 나가는 교착 상태처럼 보인다. 백승욱 교수의 말처럼 이게 하강 국면인지, 아니면 지그재그로 나아가고 있는 건지 판단이 안 선다. 다만 모든 악조건 속에서도 아주 더디게나마 조금씩 앞으로 나아가야만 한다는 개인적 신념이 있을 뿐이다.

황순식 하강인지 상승인지를 판단하려면 기준이 필요하다.

유희석 지금은 기준 자체가 없다.

황순식 기준선이 없어진 것이다. 이론적 기반이 없다는 말이 와닿는다.

백승욱 하강 국면의 의미는 진보적 사회 운동이 2012년 이후 지속적으로, 회복 불가능할 정도로 하강했다는 것이다. 그 결과 민주당이 지금과 같은 모습이 됐다.

유희석 그런 의미라면 대부분 동의한다.

백승욱 민주당이 진보를 자처하게 되었는데 민주당은 전혀 진보정당이 아니다. 이 전제가 있어야 윤석열이 왜 대통령이 됐는지를 판단할 수 있다.

왜 공화주의를 논하는가

이일영 다음 이야기로 넘어가면 좋겠다. 구갑우 교수가 공화주의를 제기하는 배경이나 맥락에 대해 얘기해 줄 수 있나.

구갑우 필립 페팃(Philip Pettit)의 책을 읽으면서 '진보란 무엇인가'에 대해 생각했다. 과거에 배운 진보적 가치는 거칠게 말하자면 반자본주의·반국가주의였는데, 지금은 그런 이야기를 하기 어렵다. 이 불가능성 속에서 사람들이 더 좋은 삶을 살 수 있게 하는 이념이 무엇일까 고민하던 차에 공화주의를 접했다. 페팃의 공화주의는 자유주의와 사회민주주의 사이에서 진보의 가치를 발견하려 하면서, 자유주의에 발을 더 많이 걸치려는 시도로 읽혔다. 기본적 이상이 비지배로서의 자유를 향유하는 것이기 때문이다. 스페인 사파테로 정권과 일할 때의 모습을 보면, 자본주의를 관리하는 사회민주주의적 전략 정도로 생각하고 접근했다.[1)]

개인적으로는 한국의 진보·좌파가 가진 한반도 문제와 국제 문제에 대한 사유의 결여를 극복하는 방법으로서 공화주의를 들여와 국내적 기초를 다지는 것이 중요하다고 생각했다. 한국의 진보·좌파는 국내 문제에 대해서는 급진적이지만 국제 문제에 대해서는 굉장히 보수적이다. 힘의 정치를 너무나 당연하게 여기고 '국익'을 이야기한다. 국익이라는 말 자체도 사회적으로 구성되는 것이고, 계급투쟁의 산물일 수도 있는데 그런 측면은 들여다보려 하지 않는

---

1) 호세 사파테로(José Luis Rodríguez Zapatero)는 스페인 사회주의 노동자당(PSOE) 소속으로 2004년부터 2011년까지 스페인 총리를 지냈다.

다. 공화주의에 관심은 가지게 된 이유다.

물론 주류 공화주의자들도 국경을 넘으면 굉장히 보수적인 입장을 보인다. 자유주의자인 롤스(John Rawls)도 국제적 수준에서는 '무법 국가'와 '무법하지 않은 국가'를 나누는 방식으로 논의의 틀을 바꾼다. 국제법을 준수하지 않는 국가에 대해선 개입이 필요하다고 본다. 초기 페팃도 롤스와 비슷한 입장이었으나 이후 변모한다. 대한민국은 국가 밖의 북한과 미국 그리고 중국이라는 문제로부터 내부가 강하게 제약받는다. 공화주의를 통해 그 속에서 우리가 진보적 가치로 내세울 수 있는 것을 찾아보려 했다. 국내적 수준, 한반도적 수준, 국제적 수준에서 '평화 공존과 공동 번영'이라는 규범적 이상을 일관되게 설명할 수 있는 북극성으로서 공화주의를 생각했다.

장은주 '진보' 개념은 복합적인데 하나로 섞어서 이야기하니 혼선이 생긴다. 미국식 진보 개념(liberal)이 있고, 북유럽 사회민주주의와 관련된 사회주의 전통의 진보 개념(progressive)이 있다. 민주당은 미국식 진보의 관점에서 스스로를 진보적이라고 생각하는데, 그 바탕에는 자유주의가 있다. 이는 계급투쟁보다는 민주주의의 해방적 잠재력을 키워 나가는 데 사회 진보가 있다고 믿는 경향이다.

이런 자유주의적 틀이 한계에 부딪히면서, 그 한계를 성찰하는 과정에서 페팃식의 신공화주의가 등장했다. 이것은 자유주의의 철학적·정치적·제도적 형태를 버리는 것이 아니라, 상당 부분 끌어안으면서 그 한계를 극복하려는 시도다. 왜냐하면 자유주의 자체가 아주 협소화된 공화주의이기 때문이다. 원래 풍부했던 서양의 공화주의 전통을 자유주의가 축소시켰고, 특히 자유 개념을 '불간섭'으로 축소하여 해방적 잠재력을 소진시켜 버렸다. 그 때문에 민주주의와 사회 진보가 벽에 부딪혔다는 인식에서 공화주의가 나온 것이다. 한국의 현실 문제는 기존의 철학이나 자유주의로는 해결할 수 없다. 특히 윤석열의 행보처럼 자유를 오도하는 방식으로 민주주의와 사회 진보에 장애물로 작동하는 자유주의를 극복해야 한다는 관점에서 공화주의를 공부하게 되었다.

공화주의와 자유주의

백승욱 독자의 관점에서 보면 《동향과 전망》 그룹이 낸 세 권의 책은 밀도는 높지만 다양한 생각이 섞여 있는 것 같다. 붕 떠 있는 느낌도 드는데, 그 이유는 공화주의와 자유주의의 관계가 제대로 정리되지 않았기 때문이다. 자유주의를 너무 단순화했다. 시장이 모든 것을 해결한다고 주장하는 것은 19세기의 고전적 자유주의다. 20세기의 뉴딜 자유주의, 내가 얄타체제라고 부르는 세계는 국제적 질서를 준수하고 국내에서는 집단의 권리를 옹호하면서 복지국가 모델을 향한다. 이 기준에서 한국은 자유주의 국가인가? 민주당은 자유주의 정당인가? 그렇지 않다. 사회주의 정당이나 보수주의 정당도 아니다. 결국 이념이 없다는 얘기다. 자유주의, 보수주의, 사회주의가 근대의 3대 이데올로기다. 이 안에서 공화주의의 자리가 어디인지가 모호하게 느껴진다. 공화주의가 급진적 자유주의의 한 분파인지, 자유주의를 넘어서려는 사상인지, 3대 이데올로기의 모든 한계를 극복하려는 시도인지 모르겠다.

이 책들은 공화주의 사상에서 좋은 것을 다 모아서 우리의 새로운 공화주의라고 부르고 있다. 하지만 공화주의는 외연이 넓고 내부에 서로 충돌하는 지점이 있다. 좋은 것과 좋은 것을 합치면 더 좋은 것이 탄생한다는 식의 생각은 현실에서 작동하지 않는다. 지식인들은 관념적이다. 자신이 바깥에서 정세를 객관적으로 평가할 수 있다고 생각한다. 하지만 모든 논의의 출발은 이미 작동하고 있는 이 기계의 원리가 무엇인지부터 분석하는 데 있어야 한다. 이 작동 원리를 나는 자유주의적 제도 질서라고 보는데, 그것을 수선하기 위해 공화주의라는 이념이 어떻게 끼어들 수 있는지 구체적으로 생각하지 않으면 그냥 떠 있는 이야기가 될 것이다. 자유주의 논쟁을 해야 한다.

구갑우 자유주의는 우산 같은 이념이다. 탄력성이 높아 무엇과 결합하느냐에 따라 다른 모습을 할 수 있다. 고전적 자유주의, 사회적 자유주의, 신자유주의 등은 그 내용과 제도적 장치가 굉장히 다르다. 국제적 수준에서의 자유주의는 또 다르게 이야기해야 한다. 2차 대전 이후 자유주의 헤게모니의 핵심은 UN, 관세 무역 일반 협정(GATT), 브레턴우즈 체제라는 세 가지 국제 제도다.

백승욱 내가 말한 자유주의의 핵심은 한국 시스템이 김재익으로 대표되는 경제적 자유주의와 김병로로 대표되는 법조 자유주의가 결합하여 작동한다는 것이다. 이는 미국에서 출발했다. 여기서 중요한 것은 법인에 대한 규제와 와그너법[2]으로 대표되는 집단적 권리에 대한 국가의 중재다.

---

2) 1935년 미국에서 제정된 전국노동관계법(National Labor Relations Act)은 법안을 제안한 의원의 이름을 딴 와그너 법(Wangner Act)이라

이 두 가지를 중심으로 등장한 제도를 부술 것인지, 수선할 것인지, 개편할 것인지를 두고 논쟁하지 않으면 어떤 것도 진척되지 않는다.

이일영 경제 쪽에서는 자유주의를 '자유 시장'으로 이야기하는 것이 일반적이다. 법인은 주로 제도주의 경제학에서 논의한다. 자유 시장으로는 현실을 모두 설명하기 어려우니 주류 경제학에서 떨어져 나가서 제도적 접근을 시도한 것이다. 이에 의하면 시장은 무정부적 자유 거래의 제도적 틀이다. 법인은 의도적이고 위계적인 제도 형태로 볼 수 있다. 그것을 자유주의 안에서 포섭해서 이야기하는 전략이 있을 수 있다. 시장 역시 구성되는 것이다. 제도주의는 항상 제도 구성 방식에 대한 문제의식을 가지고 있다. 제도를 구성하려면 권력이 필요하고, 권력은 정치 질서와 맞물려 있다. 이것들을 어떻게 구성할 것인가의 문제다. 그런데 한국의 사상 전통에서 자유주의에 입각해서 다양한 제도 형태의 균형을 현실화할 수 있을까? 혼합적 제도 구성으로 가는

고도 불린다. 노동자의 권리 보호를 목적으로 제정된 이 법률은 최저임금, 노동자 단결권을 비롯한 각종 권리와 더불어 단체교섭권을 보장했다.

길에 공화주의 사상이 동력이 되어 줄 수 있을 것으로 본다.

그리고 앞서 이야기된 장기적 하강 국면은 경제학에서는 성장률이나 분배 상태 같은 지표로 판단할 수 있다. 한국 경제가 장기 침체에 들어간 것은 틀림없는 것 같다. 그러면 위기의식을 가지고 대증요법을 넘어선 체계적인 접근을 해야 한다. 자유주의 개혁 프로그램에 기초해서 장기 침체를 극복할 수 없다는 문제의식이 우리가 공화주의 논의를 시작한 배경이다. 자유 시장에 대한 비판은 많지만 그중에서 공화주의를 들고 온 것은 그럼에도 불구하고 '자유'를 이야기해야 하기 때문이다. 다른 중요한 것은 제도다. 경제는 제도이고, 시장이나 법인 모두 제도다. 굉장히 이념적이다. 하지만 실제 현실에서는 혼합적이고 복합적인 하이브리드로 존재한다. 법인 역시 사회적 실체로서 완전히 순수하게 이념적인 것일 수 없다. 그렇기 때문에 '세미커먼즈(semi-commons)'를 형성하는 것이 중요하다고 생각한다.

황순식 커먼즈는 어느 정도 알겠는데 세미커먼즈란 어떤 것인가.

이일영 커먼즈 얘기를 본격적으로 하면 장황해질 수 있으니 간단히만 언급하겠다. 노벨상을 받은 오스트롬(Elinor

Ostrom) 등의 주장은 중간적이고 혼합적인 해법이 가능하다는 것이다. 사람들이 공동으로 사용하는 자원, 즉 커먼즈를 관리하는 방식으로 국가의 강제적 규제나 시장화·사유화만 있지는 않다는 것이다. 오스트롬은 공동적·자치적·협력적 방식의 여러 사례를 발굴하려고 했다. 세미커먼즈란 커먼즈 방식과 사적·시장적 방식이 혼합된 좀 더 복잡한 제도 형태다. 한동안 시민사회에서는 '거버넌스'라는 말을 많이 사용했는데 이 역시 혼합적인 제도를 지향한다. 세미커먼즈는 자원의 관리·운영이 일부는 사적으로, 일부는 공동으로 이루어지는 제도적 형태를 의미한다.

공화주의를 구성하는 요소들

이일영 백승욱 교수가 지적한 공화주의의 모호함에 답하자면, 세 책은 공화주의 개념을 정확히 정의하고 있지 않다. 장은주 교수의 의견도 들어 봐야겠지만 나는 공화주의가 제도, 사상, 심성 등 모든 것에 관한 것이라고 생각한다. 대한민국에서 공화국이라는 제도는 존재한다는 측면에선 자유주의 제도 못지않게 강력하지만, 실제로는 그 내용이 매우 허약하다. 공화적 주권을 심화하고 확장할 필요가 있다.

백승욱 공화주의의 핵심 쟁점인 혼합정체, 시민적 덕성, 비지배적 자유 중에서 한국에 가장 결여된 것이 비지배적 자유라는 합의가 있다고 보면 되는가?

이일영 아직 공화주의자들 사이에 폭넓은 합의가 있는 것은 아니다. 좀 더 이론과 실천 양면의 노력이 필요하다고 본다. 혼합정체나 시민적 덕성은 전통적 공화주의에서 많이 이야기되어 온 것이다. 그렇지만 우리 현실에서는 잘 이해되고 적용되고 있지는 못하다. 신공화주의에서는 자유주의와 전체주의의 대결이라는 맥락에서 비지배 자유를 논의했다. 공화주의 논의에 급진적 자유주의 맥락이 접합되는 점도 중시해야 한다. 여기에 한국의 사상 전통을 재구성하여 연결하는 과제도 중요하다. 너무 절충적인 것 아니냐고 지적하면, 그 지적은 받아들이겠다. 공화주의는 체계적이고 완성적인 사상이라기보다는 혼합적이고 과정적인 사상이라고 생각한다.

장은주 한국에서는 자유민주주의의 악화된 변형을 경계하는 것이 중요하다고 본다. 《위기의 한국 정치와 공화주의 대안》에 실린 글에서 주장했듯이 내가 '프로세큐토크라시(prosecutocracy)'라 이름 붙인 윤석열의 검찰 통치 체제는 개인의 성향 때문이 아니라 우리 사회의 사이비 자유민주주의 체제, 즉 1987년 민주화 이후 우리가 완성시키려 했던 체제의 필연적인 결과물이라고 이해해야 한다. 자유민주주의는 본질적으로 민주성에 대한 제한에서 성립했다. 다수의 폭정을 막기 위해 기본권, 권력 분립, 법치주의 같은 헌정적 제한을 가한 것이 자유민주주의다. 삐딱하게 보면, 사법 권력이 기득권 엘리트의 헤게모니 유지를 위한 도구로 기능하는 것이 자유민주주의의 본성일 수 있다.

히르슐(Ran Hirschl)의 '주리스토크라시(juristocracy)'라는 개념이 있다. 민주적인 과정으로 선출된 대표자도 아닌 사법 권력이 부당하게 민주적 과정에 개입하는 것을 뜻한다. 요점은 한국의 검찰 통치가 이러한 사법 통치의 한국적 변형태라는 것이다. 이 검찰 통치 체제는 자폭으로 무너졌지만, 앞으로 이를 극복하려면 왜 이런 체제가 생겨났는지를 성찰하면서 새로운 '공화적 헌정 체제'를 만들어 내야 한다. 그러지 못하면 언제든 우려했던 상황이 다시 닥칠 수 있다. 이런 맥락에서 공화주의가 오늘날에도 상당한 현재성을 가질 수 있다.

이일영 지식인 사회에서 국가, 정권, 운동에 대한 깊이 있는 정치사상 논의가 부족한 것 같다. 구갑우 교수와 유희석 교수가 말한 분단 체제나 국제 문제에 대한 공화주의 논의도 상당히 비어 있다. 그런 부분을 포함해서 논의를 해 보자는 소박한 문제의식에서 출발했다. 아직 출발 지점에 서 있고 폭넓은 합의는 없지만 공화주의에는 현실을 이해하고 타개해 나갈 수 있는 잠재력이 있다고 본다.

구갑우 한국에서 진보 이념에 대한 고민은 여전히 일국적이다. 아니면 프롤레타리아 국제주의밖에 모른다. 이 일국성을 넘지 못하면 국내 개혁이나 혁명도 제약을 받을 수밖에 없다. 반자본주의, 반국가주의에 대한 논의가 불가능한 상태에서 자본주의를 개혁하고 국가권력의 과잉을 통제하는 것이 현실적 과제다. 이를 실천하는 데 '비지배로서의 자유'라는 개념은 도구적으로 유용할 뿐 아니라 규범적 이상으로서도 유의미하다. 이 개념을 한반도 수준으로 확장하여 남북 관계를 '비지배로서의 평화'로 구성하고, 한미·한중 관계 역시 비지배 관계로 바꿔 낼 수 있는 방식들을 어떻게 만들 것인지에 대한 고민이 필요하다. 그런 고민이 현실에 투사될 때 비로소 한국 내에서의 공화주의적 개혁도 가능해질 것이다.

한국형 공화주의의 가능성

유희석《동향과 전망》편집진에서 낸《탄핵 이후, 새로운 공화국을 위하여》를 필두로 정치, 외교, 경제 분야를 다룬 세 권의 집단 작업 저작을 읽으면서 한국 사회의 실제 현실에 발 딛고 성찰해 봐야 하는 논제를 다각도로 던졌다는 생각이 들었다. 여기서 자세히 논할 시간적인 여유는 없지만 특히 동양 사상에서 공화주의적 발상을 담은 글들이 조화를 이루어 교양 차원에서도 많은 도움이 되었다. 우리 앞에 단기적으로는 남한이 제7공화국으로 돌입해야 한다는 절박한 과제가 있다. 정치 개혁도 중요하고 관세 전쟁이라는 새로운 국면의 세계경제에서 살아남는 것도 절박하지만 그와 같은 개혁과 생존도 궁극적으로 시민의 '깨어 있음'에 달린 문제다. 필립 페팃이《신공화주의(Republicanism)》(1997/2012)의 말미에서 논한 '시민적 교양(civility)'이 모든 개혁 작업의 바탕을 이뤄야 한다. 한국 사회처럼 진보와 보수라는 개념이 오염된 곳도 세계적으로 드물 텐데, 사람을 판단할 때는 그런 개념 대신 그 사람이, 물론 나 자신에 대해서도, 얼마나 온전하고 건강한 양식을 가지고 있는가 하는 잣대로 생각해야 한다. 그러다 보면 그런 잣대조차도 끊임없이 새롭게 모색해야 하는 자기 과제로 다가온다.

어쨌거나 《동향과 전망》 편집부가 제시한 공화주의의 청사진은 이론적으로 이견이 없지만 현실과의 괴리가 너무 크다. 실제로 작동하기 위해서 필요한 실천에 대해 고민해야 한다. 진짜 현실적 비관주의자는 최악을 직시하며 최선을 찾아낸다. 나는 최선을 틔울 씨앗이 한국 사회에 여전히 많다고 보고, 지난겨울 그 가능성을 봤다. 이 공화주의 논의가 대중에게 파급력을 갖기 위해서는 새로운 단계의 작업이 필요하겠다는 생각이 든다. 그런 의미에서 《동향과 전망》을 전폭적으로 응원하고 싶다.

이일영 덕담 고맙다. 황순식 선생에게 묻고 싶다. 공화주의 개념이 시민사회에서 통할 것 같은가?

황순식 담론의 부재가 뼈아프다. 과거에는 반공주의, 성장주의가 강력한 담론으로 작동했고 이후 민주화, 신자유주의가 사회를 지배해 왔다. 성장의 문제와 민주화의 문제가 어느 정도 해결됐다는 것을 진보가 직시해야 한다고 생각한다. 노무현 정부 때 그것이 완성되었다고 보는데, 그 이후 이명박은 '성장 어게인', 박근혜는 '박정희 어게인', 문재인은 '노무현, 김대중 어게인'을 했다. 앞으로 어떻게 나아가야 할지에 대한 담론이 부재한 것이 문제다. 공화주의가 그 답이 될 수 있을지 고민하고 계신 것 같다. 하지만 여전히 대중에게 설명하기 어렵다는 문제가 뒤따른다. 책에서는 동학의 민중운동과 독립협회의 지식인 운동을 긍정적인 사례로 언급하는데, 대중의 입장에서는 실패한 운동으로 보일 수도 있다. 공화주의가 성공한 사례들을 개발해서 '공화주의를 하면 나라가 좋아진다'는 정치적 언어를 만들어야 한다고 생각한다.

장은주 한국 사회 발전의 결정적 계기 중 하나인 토지 개혁은 조소앙의 삼균주의가 없었다면 불가능했다고 생각한다. 이런 삼균주의가 우리 땅에서 자생적으로 발전한 민주적 공화주의 정치 철학이다.

이일영 《동향과 전망》에서 한국 공화주의 전통과 관련해 관심을 기울이는 인물로 손병희, 안창호, 여운형, 김성수, 조만식, 조소앙 등이 있다. 조소앙의 삼균주의가 농지 개혁과 어떤 관련이 있는지는 흥미로운 논점이 될 것 같다. 조소앙은 개인-민족-국가 간의 균등, 정치-경제-교육의 균등을 말했는데, 이는 우리가 새로이 논의하려는 공화주의의 여러 요소들, 시민 공화-남북 공화-글로벌 공화, 정치 공화-경제 공화-교육 공화에 조응하는 발상이라고 생각한다.

황순식 한마디 덧붙이자면, 한국 진보가 미래 담론을 못 만드는 이유 중 하나는 '대한민국이 성공한 나라인가, 실패한 나라인가'에 대한 판단이 대중과 너무 괴리되어 있기 때문이다. 젊은 세대에게 대한민국은 엄청나게 성공한 선진국이다. 그런데 진보 진영은 계속 이 나라의 문제점만 이야기한다. 이 간극을 좁히지 못하면 대중에게 다가갈 수 없다. 왜 대한민국이 성공한 나라가 되었는지에 대한 진보적인 해석이 필요하다.

백승욱 마무리 발언을 하겠다. 공화주의를 논할 때 마키아벨리의 군주정을 옹호하는 《군주론(Il Principe)》과 공화정을 옹호하는 《로마사 논고(Discorsi sopra la prima Deca di Tito Livio)》 중 어느 쪽에 설 것인가 하는 쟁점이 있다. 공화주의가 유토피아에 머무르지 않으려면 《군주론》적인 옷을 입어야 하는데, 지금 이 공화주의 그룹은 너무 고결하게 《로마사 논고》에만 머물러 있는 것 같다. 조선시대의 공화주의를 이야기할 때 핵심은 율곡이라고 생각한다. 율곡은 마키아벨리처럼 이념가이면서 동시에 시스템의 복판에서 자기 사상을 실천하려 했던 인물이다. 시스템 내부에서 그것을 만들어 가는 사람들과 동학운동처럼 시스템 밖에서 비판하는 이들의 생각은 다르다. 율곡이 선조에게 올린 상소문인 〈만언봉사(萬言封事)〉를 보면 사회적 폐단이 누적되었을 때 개혁이 필요하다는 경장 사상이 들어가 있다. 지식인이 현실을 어떻게 공화주의적으로 변화시킬 것인가에 대한 모범 사례다.

한국의 자유주의 쟁점은 구체적이어야 하는데, 박정희뿐만 아니라 노태우 시기도 중요하다. 그때 시스템의 리버럴한 전환이 일어났다. 국가와 기업과의 관계가 수직적 관계에서 법인 간의 관계로 바뀌었고, 이를 조율하기 위해 공정거래위원회가 강력하게 등장했다. 이 시스템과 더불어 검찰 권력의 핵심인 대검찰청 중앙수사부가 출현했다. 이 시스템 전체를 보지 않고 검찰만 없앤다고 해결될 문제가 아니다. 또한 한국 사회는 '포스트 운동 사회'다. 앞선 세대의 정서가 강하게 지배하고 있고, 젊은 세대는 운동으로 먹고 살 수 없다고 생각하며 선진국이 된 이 나라에 자기 자리가 없다고 본다.

한국 사회는 엘리트를 키우지 않는다. 엘리트는 지배계급이 육성한다. 중국은 당 엘리트를, 일본은 관료 엘리트를 육성한다. 하지만 한국에는 통치 엘리트를 키우고자 하는 지배계급조차 없는 것 같다. 민주당이 집권했지만 통치 계급 같지는 않다. 후대를 키우지 않기 때문이다. 이번 검찰 개혁이 사법부라는 초엘리트 집단에 어떤 파장을 일으킬지 모르지만, 엘리트가 없는 나라에서 애국적 공화주의는 무너질 수밖에 없다.

마지막으로 한국에 좌파가 형성될 수 없는 것은 리버럴이 없기 때문이라고 생각한다. 좌파는 자유주의를 넘어서려는 세력인데, 자유주의의 지형 자체가 없으니 넘어서기도 어렵다. 좌파는 뉴딜 자유주의 체제에서 시장 자유주의라는 19세기의 유령을 불러서 싸우고 있다.

이일영 우리가 말하는 공화주의는 사상을 위한 사상, 사상 그 자체의 사상이 아니라 현실과 상호작용하는 사상이어야 한다고 본다. 마키아벨리가 군주정과 공화정을 대립적으로 본 것은 아니다. 그가 처한 군주정 현실 속에서 공화정이 지닌 혼합정체에의 지향성을 고민한 것으로 이해해 본다. 마키아벨리적 쟁점을 우리 현실에 바로 가져올 수는 없다. 우리가 처한 현실의 프리즘을 거칠 수밖에 없다. 《동향과 전망》이 박현채와 예춘호를 공화주의적 관점에서 재평가해 보려는 것도 사상의 현실성 때문이다. 이런 문제의식에서 김대중과 노무현도 현재·미래 사상의 관점에서 논의해 봐야 한다.

공화주의를 논하게 된 계기는 현실의 경제 비전 때문이기도 하다. 세계 체제의 카오스, 장기 침체의 경제 상황에

주류 경제학의 경제적 자유주의, 기존 민주·진보 진영이 말해 온 경제 민주주의로 대응할 수 있는가? 기존의 사상이나 담론이 현실의 구조적 문제를 극복하기 어렵다는 문제의식에서 경제 공화주의 담론을 개발해 보자는 생각이 있었다는 것을 말씀드린다.

그리고 신공화주의를 그대로 받아들이자는 것도 아니다. '새 공화주의'라는 이름을 내건 것은, 우리 현실에서 공화주의를 재구성하는 사상적 실험 또는 모험을 시도해 보자는 각오를 강조하기 위한 것이다. 공화주의 논의의 공허함·모호함이나 실현 가능성에 대한 지적이 있다는 것을 알고 있다. 공화주의 논의는 현실에서의 권력과 제도 문제, 시민 주권과 시민 권력 문제를 다루는 방향으로 가야 한다고 생각한다. 현실의 문제를 다루는 방향으로 연구 주제를 더 세분화·구체화해 나가려고 한다. 이를테면 교육 공화주의 대안을 《동향과 전망》에서 집중적으로 다루어 보려고 한다.

유희석 한 가지 제안을 드린다. '자본주의근대'는 더 이상 지속 가능한 체제가 아니라는 사실이 다양한 영역에서 확인되고 있다. 또한 지구공학은 직면한 위기에서 인류를 구해 줄 수 있는 만병통치약이 될 수 없다는 점도 분명해지고 있다. 자원 고갈과 생태계 파괴는 지구에서의 인간의 장기적 거주 가능성을 의심스럽게 만들고 있다. 앞으로 50년 이후의 우리의 삶을 상상하면 그것은 악몽의 형태로 현현할 수밖에 없다는 공포감이 매일처럼 엄습한다. 실증 연구에 의거해도 기후 위기의 미래는 중기적 차원에서조차 너무도 암울하다. 근대의 출범 이후 계속해서 축적되어 인류에게 20세기 중반부터 현상된 이 문제와 새 공화주의 사상을 제대로 연결해서 이야기해 보면 좋겠다.

이일영 기후 위기 또한 중요한 의제라고 생각한다. 반복해서 강조하지만, 이 책들은 출발점이다. 논의가 어렵고 구체적 현실성이 부족하다는 비판을 많이 듣고 있지만, 여러 가지 시도를 해 보는 것이 좋지 않을까 생각한다. 우리의 기본적인 입장은 '정책·제도는 중요하다, 그런데 사상은 더 중요하다'는 것이다. '사상이 무슨 필요냐, 그냥 덮고 가자'는 식으로는 결국 우리에게 닥친 문제를 해결할 수 없다. 막 논의가 달아오르려고 하는데, 이미 시간이 많이 지나서 오늘은 이만 마치고 앞으로 논의가 계속 이어지기를 기대하겠다. 더운 날씨에 참석해 주셔서 감사드린다. 앞으로 많이 써 주시고, 읽어 주시고, 제안해 주시길 부탁한다.

2부
논평

01 새 공화주의를 위한 변명

구갑우 북한대학원대학교

02 새 공화주의와 자유주의의 관계는 무엇인가?

백승욱 중앙대학교

03 공화에 관한 단상

유희석 전남대학교

04 빛의 혁명 이후 한국 민주주의의 개혁 방향: 왜 지금 공화주의인가?

장은주 영산대학교

05 공화주의와 이재명 정부의 과제

황순식 전국비상시국회의

01
새 공화주의를 위한 변명

구갑우 북한대학원대학교

헝가리 출신 루카치(Lukács György)가 '마르크스주의자'가 되기 전에 쓴 《소설의 이론(Die Theorie des Romans)》(1916/2007)의 진부할 정도로 유명한 첫 문장. "별이 총총한 하늘이 갈 수 있고 또 가야만 하는 길들의 지도인 시대, 별빛이 그 길들을 훤히 밝혀주는 시대는 복되도다." 2024년 언젠가, 분명 계엄 선포 전이었다, 진보적·실천적 정치경제학의 재구축을 목표로 한 학술지 《동향과 전망》의 '공화주의적 전환'에 참여할 때 가장 먼저 떠올린 구절이다. 고대 로마로 거슬러 올라갈 정도로 오랜 서양적 전통을 가진 공화주의가 새삼스레 지금 여기에서 '향도의 별'이 될 수 있을까. 첫 질문이다.

계속되는 질문은, 진보·좌파의 '토대 이념'으로 생존하고 있는 마르크스주의와 공화주의의 '거리'다. 《동향과 전망》 편집위원장인 이일영 선생은 2024년 7월 학술지 《마르크스주의 연구》 창간 20주년 기념 세미나에서, 《마르크스주의 연구》가 "마르크스주의 연구·교육의 제도화 프로젝트라는 '이론적 실천'을 수행해 왔다"라면 《동향과 전망》은 "현실적인 대안 체제를 모색하는 '이론과 실천의 통일'을 추구해 왔다"라고 정리했다. 덧붙여 《마르크스주의 연구》가 "혁명적인 이론적 실천"을 담당했다면 《동향과 전망》은 "변혁적 중도를 위한 토착 담론을 생산하고자 노력했다"라고 했다.

《동향과 전망》의 공화주의는 '반자본주의'·'반국가'를 지향하는 '자유지상주의적(libertarian) 사회주의혁명'이 불가능해 보이는 시대에 한국의 제도 정치와 시민 정치에 길을 제시하려는 향도의 별이다. 방점은 공화주의를 담지한 광장의 시민 정치를 통한 제도 정치의 개혁에 있다. 그러나 현실 정치에서는 차선(次善) 또는 차악(次惡)에 대한 지지가 불가피하다. 공화주의적 전환이 한국 정치에서 상대적으로 조금 더 공화주의적인 민주당을 중심으로 한 정치 세력에 대한 비판적 지지로 읽히는 이유다. 그럼에도 공화주의와 마르크스주의의 거리를 좁히려는 노력이 규범적, 특히 규제적 이상으로서 자유지상주의적 사회주의에 다가가기 위해 필요하다고 생각한다. 서구의 공화주의도 비슷한 경로를 가고 있다. 자의적 선택이지만, 신공화주의의 주창자 페팃과 공화주의와 마르크스의 접합을 생각하고 있는 레이폴드(Bruno Leipold)를 살펴보자.

서구에서 공화주의적 전환의 결정적 계기를 만든 페팃의 《신공화주의》는 '비지배로서의 자유'를 규범적, 규제적 이상으로 설정했다. 신자유주의가 만든 정치·경제적 양극화의 폐허 속에서 자유주의 친화적인 비지배 '자유'를 강조하는 전략적 선택이었다. '신(neo)'공화주의로 명명된 초기 페팃의 초점은 국가권력을 매개로 한 비지배 자유의 실현에 있었다. 사실상 약한 형태의 사회민주주의였다. 권력분립과 같은 정치제도와 시민의 견제가 있다면 지배일 수밖에 없는 정치권력의 행사가 자의적이지 않을 수 있다는 논리였다. 국가는 무력자(the powerless)에게 비지배 자유를 행사할 수 있는 힘을 부여하는 장치가 된다.

자본주의를 부정하지는 않지만 무력자의 비지배 자유를 증진하기 위해서는 시장을 규제해야 한다는 페팃의 신공화주의 '이론'은, 2004년 집권한 스페인 사회주의노동자당의 '실천'과 결합된다. 여성, 동성 결혼, 장애인, 이주자, 작업장, 독립 방송, 권력의 탈집중화, 정부 책임성 등의 의제에서 이론가 페팃은 실천가 스페인 사회주의노동자당과 함께 비지배 자유의 증진을 실험했다. 우리의 시각에서 본다면 한국의 탄핵 정국 속에서 광장에 등장한 다원적 시민의 요구를 정치권력을 매개로 실험한 것이다. 무조건적인 기본 소득을 복지가 아니라 정치적 기본권으로 설정하는 것도 페팃이 신공화주의의 비지배 자유를 극단까지 밀고 나가는 사고실험의 대표적 사례다.

사회민주주의조차 쇠퇴하는 가운데 공화주의적 전환은 마르크스주의자에게도 매력적 대안으로 보인 듯하다. 대표적 작품이 레이폴드의 《시민 마르크스(Citizen Marx)》다. 이 책은 2017년 옥스퍼드 대학 박사 학위논문으로 제출된 후 2024년 프린스턴 대학 출판부에서 간행되었다. 서사의 줄기는 마르크스가 공화주의자로 시작해서 공산주의로 이행했고 결국은 마르크스가 공화주의와 공산주의를 화해시켰다는 논리로 구성되어 있다. 마르크스의 정치경제학 비판 과정에 공화주의를 침투시키려는 시도다. 물론 레이폴드는 공화주의의 규범적, 규제적 이상을 페팃과 달리 인민주권, 시민의 정치 참여, 보통선거권 등으로 설정하고 있다. 공화주의의 핵심이 '공동선(common good)'에 있다는 전통적 주장의 복원이다. 타협적이지만, 페팃의 비지배 자유가 누구나 평등하게 누려야 할 자유라고 한다면, 비지배 자유야말로 공동선을 구성하는 토대 원칙이 될 수 있다.

《동향과 전망》이 제시하는 '새(new)' 공화주의는 구체적 상황에 대한 구체적 분석의 도구로서, 다른 한편 비유토피아적 규범적·규제적 이상으로서 공화주의를 불러오려고 한다. 레이폴드가 해석한 마르크스의 실천의 '단계'도 열린 미래로의 칸트적 '결단'을 필요로 하는 선택이라고 생각한다. '우리'는 향도의 별로 새 공화주의를 지금 여기서 불러오는 이유로 다음의 몇 가지를 제시하려 한다.

첫째, 사적·자의적 지배를 추구하는 가산제(家産制, patrimonialism) 정부인 윤석열 정부에 대한 비판의 무기가 필요했다. 공화주의가 추구하는 '공동의 것(res publica)'의 재구성이 절박한 시점이었다. 자의적 지배에 대한 저항을 신공화주의의 규범적, 규제적 이상으로 설정한 페팃과 스키너의 신공화주의는 지금 여기서 공화주의를 소환하게끔 한 이론적 자원이었다. 새 공화주의는 서구발(發) 신공화주의에 한반도적 근대의 산물인 개벽과 개화, 조소앙의 '삼균주의'와 같은 한반도발 공화주의를 결합했기에 탄핵 정국에서 표출된 시민 정치의 다원적 적대를 공화주의적 방식으로 해결하려고 한다는 점에서, '새롭다.'

둘째, 새 공화주의는 실천적 정치경제학 재구축의 지금 여기에서의 표현이다. 한국 자본주의와 세계 자본주의에 대한 공화주의적 비판의 핵은 사적인 것을 '공동의 것' 또는 '모두의 것(commons)'으로 전환하는 작업이다. 물론 미래는 열려 있다. 새 공화주의는 지금 여기서 불러온 공화주

의를 자본주의 비판을 위한 도구적 이념으로 사용하려고 한다는 점에서, '새롭다.'

셋째, 새 공화주의적 기획은 일국적 변혁을 제약하는 한국 밖의 조건인 특수 국제 관계로서 남북 관계 및 한국을 둘러싼 국제 관계의 변혁을 위한 나침반을 제공하려 한다. 그 점에서 '새롭다.' 첫 작업은 비지배 자유를 비지배 평화로 번역하는 것이다. 번역의 이론적 난관에도 불구하고 정전 체제가 지속되고 있는 한반도에서 비지배 평화는 비유토피아적 규범적, 규제적 이상이 될 수밖에 없다. 세 방향의 작업이 필요하다. (1) 한반도적 수준에서 비지배 평화를 실현할 수 있는 평화 공존과 공동 번영의 '국내적' 토대를 만드는 것이다. (2) 한반도적 수준에서 비지배적 평화의 한 형태인 '공화국 연합'을 구성하는 것이다. (3) 국제 관계 수준에서 비지배적 평화를 구성하려는 의지와 의도의 구성이다. 다음 구체적 과제로 2025년의 사건인 한미 정상회담과 조중 정상회담을 새 공화주의적 시각에서 분석해 보려 한다.

02

새 공화주의와 자유주의의 관계는 무엇인가?

백승욱 중앙대학교

사상인가 이데올로기인가: 공화주의 문제 제기의 위상

《동향과 전망》의 공화주의 기획으로 출판된 세 권의 책은 내가 '사상사의 부재'라고 부른, 한국 지성사의 공백에 대해 본격적 문제 제기를 할 중요한 계기가 될 수 있을 것으로 보인다. 아직 시작 단계이기 때문에 내용의 일치성이나 심도의 차이 등에서 향후 더 많은 발전과 정정, 자기비판이 기대되기 때문에 지금 단계에서 건설적 토론을 진행해 보는 것은 의미가 있겠다.

이 공화주의 논의를 대하면서 가지는 가장 기본적인 질문은 '공화주의와 자유주의의 관계는 무엇인가'다. 나는 '87년 체제론' 대신 '1987년 위기에 대한 자유주의적 전환의 지속적 실패'로 지난 40년의 역사를 보는 것이 더 적절하다는 입장(백승욱, 2022)에서 한국 사회운동과 정치사회의 근본적 한계는 자유주의 문제를 본격 대면하지 않고 오히려 이 질문과 관련해 반복적인 '퇴행'이 나타난다는 점이라고 생각한다.

우선 세 권의 책이 제시하는 '새 공화주의' 시도의 위상에 대해 질문해 볼 수 있다. 지금 논의되는 공화주의의 위상은 '사상'인가 '이데올로기인가'. 다시 말하자면, 이 프로젝트에서 공화주의는 하나의 '좋은 사상'으로 제시하는 것인가? 그렇다면 비판의 요점은 ① 현실이 공화주의적이지 않기 때문에 공화주의적 관점으로 비판하는 것인지, 아니면 ② 현실이 공화적으로 작동하지만 충분히 공화주의적 규제 이념에 맞지 않고 미달함을 비판하는 것인지 ③ 그렇다면 그 이유는 무엇인지, 사람이나 집단 탓인지, 제도의 불비인지, 사상의 부족함인지, 또는 구조적 제약인지 ④ 그리고 다시 그것을 돌파할 방법은 무엇인지가 모호하거나 서로 생각이 대립하기도 한다는 점이다.

논의되는 공화주의는 ① 비지배적 자유 사상이라는 '유토피스틱스(utopistics)'로서도 ② 혼합정체라는 제도로도 ③ 덕성으로서 주체의 품행이나 윤리로서도 해석될 수 있는데, 세 권의 책은 그중 첫 번째 측면을 강조하고 있다. 그렇지만 현실에서 그 '사상'이 실천되기 위한 매개로서 ②, ③의 질문이 빠질 수는 없을 것이다.

여기서 자유주의와의 관계를 질문하지 않을 수 없는데, 이 작업에서 자유주의는 한국의 정치 현실에서 반복적으로 관찰되는 것처럼 '시장의 무한한 자유 따위를 믿는 19세기의 철 지난 이념' 정도로 간주되어 반박되고 있는 듯 보이기도 한다. 그렇지만 20세기 정치철학 논쟁이나 사회변동 논쟁을 거치면서 자유주의는 '역사적'으로 재규정되어 훨씬 그 개념의 폭이 확장되었다. 몇 가지 상이한 정의를 보면 다음과 같다.

① 정치사상으로서 자유를 강조하는 정치 이념으로, 홉스(Thomas Hobbes), 로크(John Locke)의 출발점에서 스미스-마셜(Smith-Marshall), 존 스튜어트 밀(John Stuart Mill)로 이어지는 19세기적 고전적 자유주의.

② 자본주의가 현실 속에서 작동하는 역사·제도적 조건의 배열로서 자유주의(제도, 장치, 테크놀로지 등의 총칭).

③ 근대 정치 이데올로기의 삼(三) 정립인 자유주의·사회주의·보수주의 사이의 헤게모니 이데올로기로서 근대 세계 체계의 지구문화(geoculture)인 자유주의. 이는 이매뉴얼 월러스틴(Immanuel Wallerstein)의 규정으로, 우리가 아는 사회주의와 보수주의는 이미 자유주의적 사회주의나 자유주의적 보수주의로 이해되어야 하며, 신자유주의 등장 이후 세계는 이 삼 정립 이데올로기에 근본적 위기가 발

생한 것이다.

④ 미셸 푸코(Michel Foucault)가 분석하는 통치성으로서 자유주의. 여기서 자유주의는 주체의 품행을 규정하는 '기술(technology)'이다.

이런 상이한 규정을 살펴보는 것이 중요한 이유는 계속적과 우리를 나누는 분석 틀로서 '87년 체제론'의 문제적 구조 속에 갇히지 않기 위해서다. 한국 자본주의 경제 규제 제도로서 자유주의 전환이 유신 체제를 탈피해 1991~1994년 시기에 집중적으로 전개되었고, 지금도 그것의 재평가·재전환이 문제라는 시각에서 현실을 분석하는 것이 중요하다고 할 때, 제도 작동으로서 자유주의는 반드시 대면해야 하는 질문이다. 공화주의는 큰 범주의 자유주의의 일부(또는 교차하는 일부)로 설명될 수 있나, 아니면 자유주의와 대립하는 사상인가?

공화주의 질문의 방식

세 권의 책이 공화주의라는 질문을 풀어 나가는 방식에 대해서도 살펴보자. 보통 공화주의 사상가는 자신이 정의하는 공화주의 사상의 중심을 세우고 이 정의된 공화주의로부터 각론을 전개하는 방식으로 논의를 펼친다. 세 권 작업이 중시하는 페팃의 논의도 그렇게 전개되었다고 볼 수 있다. 편의상 이런 통일적 방식을 '연역적'이라고 이름 붙여 보자.

이와 대비해 세 권의 책이 접근하는 방식은 그와는 반대의 길을 걷는 것으로 보이는데, 이를 편의상 '귀납적'이라고 이름 붙여 보자. 여기서는 상이한 공화주의들, 예를 들어 자유주의적·사회주의적·공동체적·비지배적 등 여러 시도의 장점을 정리해 모으고 있으며, 때로는 그 확장의 범위에 원시 유교, 성리학, 독립협회와 만민공동회, 조소앙, 칸트, 마키아벨리, 스피노자까지 다양한 것이 포괄되기도 한다.

좋은 사상의 포괄 범위가 넓어지면 외양은 훌륭해지지만 현실화하기는 그만큼 어려워진다. 그럴 때마다 세 권의 작업은 논의를 '비지배적 자유'로 모으려는 것으로 보인다. 여기서도 앞서 언급한 '사상인가 이데올로기인가'라는 질문은 반복되는데, 이데올로기는 단지 '이념'이 아니라 현실의 제도, 주체의 생산, 통치의 기술 및 통치의 지속성과 연관된 전체 구조의 '재생산'까지도 포함하는 것이기 때문이다.

자유주의와의 관련성을 질문해야 하는 이유를 이 공화주의 '정치 전략' 차원에서 다시 물어볼 수도 있다. 지금 2025년 한국의 정세와 관련해 이 세 권이 시도하는 전략 방침이 무엇인지가 중요한데, 세 가지 길이 있을 수 있고 세 가지 길 각각 곤경이 따르지 않을 수 없다.

첫째는 '거리 두기' 전략이다. 기존 현실 정치와 일정하게 거리를 두고 '이상적 규제 이념'으로서 공화주의를 제시하는 방식인데, 그렇다면 그 노력은 현실 정치에서 쉽게 무시되고 잊힐 수도 있을 것이다. 물론 논의의 심도가 깊어지면서 이후 사상적 재논의를 위한 '창고'가 될 수도 있겠다.

둘째는 '주류에 올라타기' 전략이다. 지금 주도적인 정치 세력을 '공화주의'로 인정하면서, 그 부족분을 보충하는 '내부적 비판'의 자세를 취할 수 있다. 그런데 이번에 문제는 '공화주의'라는 간판을 내주어 주류적 정치 세력이 '공화주의'의 이름으로 자신의 정치 알리바이를 충당하거나, 아니면 더 나아가 반대 세력을 향한 '반공화주의 척결'을 주도하는 용도로 '왜곡-착취'할 수도 있다.

셋째는 '모두 까기' 전략이다. 두 번째 입장과 달리 현존 정치 질서가 '공화주의'가 아니라고 판단하고 '공화주의적' 전환을 위해 '외재적(내재적일 수도 있겠지만)' 비판을 수행하는 것이다. 이번에는 '공화주의 운운하지만 계엄 세력과 결탁한 보수적 관념 세력'으로 내몰릴 수도 있을 것이다.

그런 어려움을 알기에 아직 세 권의 입장은 세 가지 정치 전략 사이에서 모호한 모색을 계속하고 있는 것으로 보인다.

주제별 쟁점

지면이 한정되어서 자세한 논의는 추후로 미루고, 세 권 내용에 대한 간단한 논평만 덧붙여 본다.

《새 공화주의 경제 체제》

제도라는 쟁점

상업적 공화주의 대 사회주의적 공화주의 논의를 소개하는 맥락을 읽어 보면 여기서 '제도'나 '장치'의 질문이 중요함이 확인된다. 시장 상황에서 공화주의 질문이 인간 대 인간 또는 (의인화한) 권력 대 인간의 질문으로 한정될 수 있을까? 그렇지 않다. 예를 들어 사회주의적 공화주의에는 ① 생시몽주의(제도에 대한 제도적 통제)와 ② 푸리에주의(공동체주의적 주체의 형성)라는 상이한 전통이 병존하는데, 이 쟁점은 마르크스에게서는 기계들의 분업으로서 자본주의 생산력을 설명하는 '종합'으로 한 단계 나아갔으며, 이후 자본주의 역사에 대한 알튀세르(Louis Althusser)의 '구조'나 '장치(apparatus)', 푸코의 '기술' 등의 논리로 발전한다. 경제에서는 그런 점에서 특히 개인 대 개인으로 환원되지 않는 이 '구조'의 관계성을 강조하지 않을 수 없는데, 그렇다면 여기서 공화주의의 돌파구는 무엇일까? 비지배적 자유라는 규범과 예를 들어 푸코의 생명관리정치라는 문제 제기는 양립가능한가?

경제적 '독립' (80쪽)

현대에서 경제적 독립이라는 주제는 두 극 사이를 이동하기 쉬운데, 한 극에 로크-스미스적 소농 주체 모델이 있고 다른 극에 신자유주의적인 '독립' 기업가적 주체 모델이 있다면 뉴딜적 세계는 그 중간쯤에서 집단적 권리의 질문을 제기하였지만 결국 돌파에 실패한 것으로 보인다. 그런데 그 중간의 뉴딜적 세계는 ① 계급 대립의 첨예화 ② 전쟁 이후 ③ 청년 노동력 급성장을 동반한 인구 사이클이라는 조건하에서 노동 소득이 핵심적 중요성을 가지는 피케티적 분석 대상의 시대였다. 그 역사적 조건이 되풀이되지 않는다면 공화주의 '독립'의 의미는 무엇일까? 두 극 사이의 동요를 벗어날 수 있을까?

이 문제는 '연방 공화주의'에서도 비슷하게 확인되는데, 여기서 제기되는 UN 민주화라는 쟁점은 역사성의 조건과 관련된다(백승욱, 2023).

한국 사회에 '통치 계급'은 있는가

공화주의 '이념'이 현실의 경제 제도 개혁과 연결되려면

'누가, 어떤 과정을 통해'라는 질문이 불가피한데, 책의 논의에서 빠진 중요한 논점 중 하나가 한국에서의 '지배 엘리트 재생산'이다. 이는 자유주의에 대한 질문인데, 그중에서도 한국에 과연 체계의 지속성을 설계·유지·관리하는 '통치 계급'이 존재하는지, 아니면 다양한 ('호족 연합' 같은) '지대 추구 집단'만 있는 것인지를 묻고자 하는 것이다.[3)]

《위기의 한국 정치와 공화주의 대안》

마키아벨리의 평가: 공화주의자인가 정치의 유물론자인가

책은 《로마사 논고》를 강조하면서 마키아벨리를 공화주의 선구자로 부각시키는 스키너-페팃의 논의를 받아들이는 것으로 보인다. 그런데 여기서도 공화주의가 사상인지 이

---

3) 만일 문제가 '호족 연합'에 있는 것이라면 다음 역사적 비유를 좀 더 생각해 볼 필요가 있다. 호족들은 자기 호족은 무조건 지키고 자기 호족 외의 사람들을 '민(民)'으로 여기지 않기 때문에 근대 정치로 나아가기에 앞서 먼저 해결해야 할 큰 난관이 적어도 네 가지가 있을 것이다. ① 음서제를 폐지하고 과거제도를 제대로 실시할 수 있을지 ② 훈척 세력(공신들)의 대농장 장악이 아니라 최소한 '계민수전'에 입각한 과전법 실행을 할 수 있을지 ③ 보편적인 '민본' 이념을 세울 수 있을지 ④ 피를 흘리더라도 자기 사병부터 폐지하기 시작해 사병 혁파에 성공할 수 있을지.

데올로기인지가 쟁점이 된다.

《군주론》의 마키아벨리는 공화주의 '사상'의 전파자로 쉽게 독해되기 어려운데 왜냐하면 여기서 마키아벨리는 '어떤 정치체제가 지속되는가'라는 '정치 유물론'적 질문을 던지기 때문이다. 이는 《정치론(Tractatus Politicus)》에서 마키아벨리를 플라톤 이후의 정치론과 완전히 단절되는 전통으로 평가하는 스피노자의 관점과도 일치하는 것이다. 어떤 정치체제가 바람직한지 질문한다면 플라톤의 《국가론》으로 돌아가 답해도 되지만, 마키아벨리의 관점은 어떻게 그런 '이념'조차도 현실에서 지속되는 정치체제가 될 수 있는가라는 '실천', '구조', '지속'에 관한 질문을 던진다는 점에서 근본적으로 다르다.

지금도 이런 질문이 필요한 것은 마찬가지인데, '공화주의' 개입이 가능하려면 단지 이상적 모델의 제시를 넘어서 지금 제도 현실의 작동 지속성에 대한 '유물론적 판단'이 전제되어야 한다. 그래야 개입-실패-재개입도 평가 가능하고, '외부'가 아니라 그 작동의 일부로서 자기 개입까지도 평가의 대상으로 삼을 수 있다.

유교 공화주의의 모호함

책에서는 동아시아에서 유교 전통이 공화주의에 남긴 긍

정적 유산을 분석하고 있다. 이는 중요한 논점인데, 문제는 유교 이념으로부터 공화주의 체제로 무매개적으로 논의가 비약한다는 것이다. 이는 마치 예전에 유교자본주의론이 동아시아에서 현대 자본주의 출현의 불가능성(베버 테제)과 동시에 동아시아에서 급속한 자본주의화의 성공(발전국가론)을 설명하고자 하면서 이론적 설득력을 상실한 한계를 되풀이하는 것일 수 있다.

여기서도 단지 사상과 이념이 아니라 현실의 사회의 구조 속에서 제도의 현실화를 질문해야 한다. 예를 들어 조선은 '송'을 모방하면서 성리학을 도입하고 이를 통해 '민본'의 제도화(토지 소유 제도와 향촌 질서), 하나의 통치 집단으로서 사대부의 형성과 통일성[학통(學統)과 도통(道通), 문묘 배향, 서원 등] 형성, 공인된 이념 체계로서 경전 표준화[사서오경, 《소학(小學)》과 《주례(周禮)》], 과거제도를 통한 신분 질서 타파 등을 엮는 하나의 '체제'를 세웠는데, 그렇다면 검토의 대상은 이 전체 체제여야 할 것이다.

그런 점에서 조선 역사와 유교에서 공화주의 쟁점은 핵심적으로 율곡(〈만언봉사〉)과 그 시대(사림 세력이 형성된 조선 중기)를 논쟁 대상으로 해야 할 것인데, 왜냐하면 '경장'으로 대표되는 율곡의 실천은 (혼합정체, 덕성, 비지배적 자유라는 세 측면 모두를 검토한다면) 단지 이상적 사상의 제시를 넘어 통치, 제도, 사회 규율 등과 관련해 종합적이기 때문이다. 그리고 율곡 이후의 역사에서 질문은 왜 율곡 같은 인물이 다시 등장하지 못하는지에 맞춰질 필요도 있다.

보상제(輔相制) 논의도 같은 맥락에서 좀 더 정교할 필요가 있다. 조선 건국 시기 정도전의 재상제 이념과 조선 중기의 사림 정치(붕당정치)의 현실은 같은 제도와 사상에 기반한 것이 아니기 때문에 구분이 필요하다. 보상제의 틀을 너무 넓게 가져가면 현재 중국공산당 정치에서의 당 총서기와 총리의 역할 배분, 정치국 상무위원 사이의 역할 분담제가 '보상제'의 원리에 상당히 충실한 체제라고 평가될 수도 있는데, 그렇게 되면 흥미로운 이 논점의 의미가 흐려질 수 있다.

검찰 평가의 복잡성

검찰 권력 부상에 대한 평가도 좀 더 역사적 계기를 고려하고 한국 통치 체제의 1991년 전환의 함의를 통해 판단할 필요가 있다.

1991년을 계기로 경제적 조정 방식이 '사권(私權)'간의 계약관계라는 '시장'에 맡겨지면서 기업은 법인 관계의 틀로 규율되고, 이는 1994년 공정거래위원회의 독립적 작동

개시, 중앙정보부로부터 검찰로의 공권력 중심 이동, 검찰의 핵심 부서로서 경제 검찰인 중앙수사부의 등장과 뗄 수 없는 관계다. 따라서 검찰 개혁은 이 맞물린 구도의 이해 속에서 진행되어야 한다. '군부 독재', '경찰 독재', '관료 독재'를 비난하는 틀로만 문제를 해결할 수는 없다. 사법부가 '자유주의' 법치(rule of law)의 경비병이 아니라 법을 무기로 쓰는 통치(rule by law)를 주도하는 세력으로 전환되는 '제도적', '사상적' 맥락에 대한 고려도 포함되어야 한다.

또 이와 관련해 중요한 논점은 2016년 탄핵이 어떻게 진행되었는지를 분석하는 것이다. 1국면인 '하야 국면'에서 새로운 권력 연합으로 '《조선일보》-엘리트 검찰 연합' 그리고 그 고리로서 최재경이 등장했다는 점을 보는 것이 필요하고(그다음 2국면이 탄핵으로 3국면이 대선으로 진행되었고, 그것이 2024~2025년에 어떤 함의를 갖는지도 중요하다), 이어서 등장한 문재인 정부하에서 '적폐 청산'의 바람몰이는 이 연합을 대체해 새롭게 형성된 연합 체제인 '대안 언론(김어준)-비주류 검찰(윤석열)'의 결합으로 진행되었음을 기억해 둘 필요도 있다.

극우라는 쟁점에 조심해야

한국 정치 현실에서 극우가 존재한다는 사실로부터 '비(非)

민주당 세력' 전체, 특히 청년 세대를 극우로 모는 것에는 큰 비약이 있다. 윤석열 전 대통령 주변의 극우는 사실상 폭력을 써서라도 권력과 권위 실추의 회복을 도모하는 세력이라는 점에서 그 '권력과 권위'에 접근하는 것 자체가 사실상 배제된 세대의 불만을 같은 범주로 묶는 데는 조심해야 한다. '20대 우파 청년'에는 상이한 태도가 섞여 있다. 상승 통로 봉쇄에 대한 분노와 좌절, '진보의 선전'을 믿지 않는 냉소, 더 나아가 리버럴 해결책에 대한 불신 등을 표출한다. 이것을 곧바로 극우로 연결하면 안 될 것이다.

청년 세대 '불안'에는 '86세대'가 잠식하고 지속성을 만들어 내지 못한 현실에 대한 잠재적 분노도 크게 들어 있다. 일국적 차원에서 불확실성의 불안에는 ① 직업과 수입 ② 자산 ③ 공동체(가족) ④ 생애 주기(노년) ⑤ 지식과 경력 ⑥ 국가 자체 모두가 포함된다.

다른 한편에서 정치 현실 분석 논문에서 '민주당 지지'를 곧바로 '진보'로 등치시키는 태도에서도 비슷한 문제가 관찰되는데, 민주당 지지자들 내의 다차원성도 단순화하면 안 될 것이다. 음모론을 추앙하는 무조건적 지지 세력부터 그와 전혀 반대되는 태도를 보이며 '비판적 지지'를 유지하는 사람, 특히 조국 사건 이후의 복잡한 분기 등에도 주의할 필요가 있다.

전체적으로 청년 세대가 보이는 '포스트 운동 사회'에 대한 적응, 능동적 민주로 나아가지 않으면서 수동적 민주의 제로섬 게임을 공정으로 내거는 태도에 대해서는 분석과 대응이 필요하다. 그것이 '87년 체제론'의 시야를 넘어서 제도 질서에 대한 질문으로 나아가고, '한국 사회에 통치 계급이 존재하는가'를 묻는 이유이기도 하다.

《새 공화주의와 한반도 평화》

국가는 인격이 될 수 있는가

앞서도 공화주의는 기본적으로 개인 주체 대 주체 관계에 관한 사상이라고 말했는데, 국제정치 영역으로 오면 난점이 더 커진다. 책의 저자도 이를 가설로 제시하긴 한다. 그런데 국제정치로 오면 공화주의 세 측면 중 비지배적 자유보다 혼합정체나 덕성의 문제가 더 중요해질 수도 있다. 여기서 또다시 20세기 국제 질서로서 얄타체제는 무엇이었는가라는 질문이 등장하는데, 그 이유는 그것이 일정 기간 국가 간 체계 질서 유지의 '규제적 이념'으로 작동했기 때문이다. 이는 자유주의 이데올로기에 대한 질문을 다시 불러내는 것이기도 하다.

국제정치에서 자유주의는 단지 이념이 아니라 그 '현실주의'의 복합적 측면을 함께 고려해야 하는 것이다. 20세기 얄타체제의 국가 질서 유지는 자유주의 이념성·현실성·폭력성·규율화·위선의 결합체이며, 이는 정치 이념으로서 자유주의가 스미스와 밀의 이상적인 '시장에서 대등한 자유'뿐 아니라 벤담이 판옵티콘을 통해 제기하는 자유의 이름으로 진행되는 폭력적 지배 문제도 담고 있기 때문이다(푸코는 이를 테크놀로지로서 자유주의 통치성으로 분석했다).

북한 문제에서 투 트랙과 단일 트랙

남북 관계에서 중요한 전환점인 1991년 남북합의서(노태우 북방 정책) 시기가 그 이후와 가장 다른 점은 당시에 남북문제를 외교 트랙(북방 외교로의 전환, 즉 다자주의적 구도 또는 여러 쌍무적 구도의 중첩)과 통일 트랙(당사자의 양자주의)의 두 트랙으로 분리해 대응했다는 것이다. DJ 정부 이후 이 투 트랙이 통일 단일 트랙으로 통합되어 지금까지 지속되었다고 보는 것이 맞을 것이다.

공화주의 쟁점에서 남북한 관계 문제를 다루려면 다시 투 트랙 관점으로의 전환이 필요하다. 김정은 시대의 북한은 남한과 반대편에서 단일 트랙으로 전환(남한과 달리 통일 트랙을 폐기하고 외교 트랙 문제로만 접근)하고 김일성

주석 시대의 지정학적 정치 속으로 나아가는 것으로 보이기 때문에 투 트랙은 더욱 중요하다.

그리고 이는 남북한 관계 역사에서 중국 위상의 독특성을 관심에 담기 위해서도 중요한 관점이 될 것이다. 중국 변수의 중요성은 역사적으로 어그러진 계기들을 남북 관계의 문제와 관련해서 살펴볼 때 이해되는데, 1951년 샌프란시스코 강화조약, 1953년 지연된 정전협정(1951년 이후 비동맹 국가들의 정전협정 중재 거부), 1954년 제네바 회담에서 정전 체제에 대한 합의 거부 등의 역사적 맥락이 모두 중요하다. 선즈화(沈志華)나 란코프(Андрей Ланьков)의 '외부자적 시각'에서 한반도를 평가하는 관점을 듣는 것도 유의미할 것이다.

분단체제론 이면의 '타자성' 문제

분단체제론은 남한 '촛불혁명 주체 형성 과정'의 역동성의 역사적 강조를 함에 대비해 북한의 '주체'에 대해서는 사실상 '정체성론' 함정에 빠질 수 있다. 3대 세습의 '불변성'만을 강조할 뿐 북한의 역사 시기가 주체의 시대, 선군 정치의 시대, 우리 국가제일주의의 시대로 크게 나뉘는 점, 특히 2016년 조선로동당 7차 당대회 이후 북한의 '거버넌스'와 엘리트 정치가 선군 정치 시대와 완전히 달라지면서 중국

공산당 통치 구조와 더 유사해지는 점 등의 차이를 보지 않고, 따라서 지정학의 차이에 주목하지 않는다. 왜 그런지를 질문할 필요가 있다.

그런 시야 때문에 관계 설정의 논리에서도 '남한의 주도적 변화가 북한에 대해 의도된 변화를 가져올 것'이라는 낙관적 기대를 기본 전제로 하고 있다. 그러나 북한의 제2시기가 아닌 제1시기와 제3시기의 기본 지정학은 대남 관계를 항상 기본으로 하는 것이 아니라 북-중·북-러 관계를 기본으로 하면서 세계와의 관계로 펼쳐져 있기 때문에 당사자 우선주의라는 전제는 인정되기 어렵다. 이는 '체제'라는 용어에 역규정됨으로써 남북한 관계를 당사자 '양자 관계'의 틀로 환원해 보려는 의도 때문인데, 선군 정치 시대(남한 혁명론과 '우리민족끼리'를 동반한 예외적 시기)와 달리 그 이전과 이후 모두 북한의 정치는 남북한 양자 관계보다는 북-중, 북-러, 북-미, 북-일 모두를 담는 다자적 또는 중첩된 쌍무적 관계의 틀 속에서 남한을 항상 '하나의, 그러나 중요한 변수 중 하나'로 고려하는 태도를 가지고 있기 때문이다.

비지배적 자유 이후의 동일성 정치는?

'비지배적 자유'의 사상에는 제퍼슨주의의 긴 전통을 가지는 미국 정치의 특성도 담겨 있다고 보이는데, 이 '풀어 주는 정치'로서 비지배적 자유의 한계는 없는지, 소속되고자 하는 정치적 욕구에 대해 이 정치는 무엇을 말하는지로 나아가지 않고서는 새 공화주의가 사회의 세력 형성에 어려움을 겪지 않을까? '소속하고 싶은' 정치적 욕구에 대해 어떤 대응이 있을 수 있을지, 강력한 소속 욕구·인정 욕구 배후에 늘 존재하는 파시즘 길로의 위협에 대해서 어떤 대응이 있는지, 예를 들자면 낸시 프레이저(Nancy Fraser)가 구분하는 분배·인정·대표의 정치라는 질문에 대해서 어떤 답을 제공할 것인지 등이 중요할 것이다.

트럼프 이후

트럼프 2기는 관세 협상 배후의 새로운 질서 구상으로 무엇을 가지고 있는지가 문제다. 푸틴의 재부상, 강대국 세력 균형 시대로의 복귀, 강력한 금융적 우위의 통제력(예를 들어 스테이블 코인을 통한 금융의 증권화 2라운드) 등 새로운 미국의 세기를 주도하는 다양한 권력적 대응이 문제가 될 것이고, 공화주의는 국내뿐 아니라 국제 세계의 대응으로서 현실적 답변을 요구받을 것으로 보인다.

국내 기업들과 관련해서도 주목되는 변화는 정부를 거치지 않고 이런 변화에 대한 대응으로서 기업이 직접 나서는 것인데, 삼성과 SK의 기존 방식과 더불어 현대자동차에서 GPO(Global Policy Office)를 구성해 정부 싱크탱크 기능을 사실상 이전하려는 시도가 어떤 변화를 가져오는지가 중요할 것이다.

글로벌 공화주의 국제정치 무대에서 주체는 누구인지의 질문도 중요해질 것인데, 국가의 역량과 대응 방식이 급속하게 바뀌기 때문이다.

조소앙 쟁점

조소앙의 삼균주의를 공화주의 중요한 연원으로 삼는 것은 헌법 이념 해석과 관련해서 중요한 쟁점이다. 그런데 논의를 위해서는 삼균주의 이념 자체뿐 아니라 그 배경 시대까지 넓게 보아야 할 텐데, 메이지대학 법학부(국민당 좌파, 김병로 등), 제2인터내셔널, 쑨원 삼민주의와 국민당, 대한민국 임시정부 내의 정치 세력의 복잡성 등을 함께 다룰 필요가 있다.

또 여기서 한걸음 더 나아가서 제헌헌법의 사민주의 특징의 다른 연원으로서 미군정 헌법 초안 작성팀 일원으로서 에른스트 프렝켈(Ernst Fraenkel)의 '집단적 민주주의' 같은 관념이 어떻게 작용했는지를 보는 것도 중요할 것이다(Greenberg, 2015/2018). 왜냐하면 같은 시기 일본에서 있었던 평화헌법 제정 과정에서 연합군 최고사령부(GHQ)가 어떤 개입을 했는지에 대한 심도 있는 연구가 있는 상황에서 일본(태평양사령부)과 한국(미군정) 사이 비교도 필수적이기 때문이다.

03

공화에 관한 단상

유희석 전남대학교

공화의 의미

공화(共和)가 여러 사람이 화합하여 공동의 정치적 사무를 관장하고 행하는 일이라고 한다면 공화제라는 것은 공무를 잘 할 수 있도록 일정하게 조직화한 정치제도에 해당한다. 공화주의라 하면 그러한 제도를 체계적으로 운용하는 이념을 가리킨다. 현실에서 이념이 제도로 발현되는 양태는 매우 다양하다. 단적으로 한국의 헌법 제1조 제1항은 "대한민국은 민주공화국이다"이고 북한 헌법의 제1조는 "우리 나라는 조선민주주의인민공화국이다"라고 되어 있다. 공화국이라는 이름이 공통으로 들어가 있을 뿐, 남과 북이 그리는 공화국의 상(象)은 하나가 아니며 공화주의의 이념도 역사적으로 변천을 거듭했다. 오늘날 다수로 존재하는 공화주의 및 공화국의 상들을 두고 최대한의 합의를 도출하는 작업에는 말 그대로 공화에 값하는 노력이 요구되는 것이다.

알다시피 한국에서는 1987년 6월 항쟁으로 개정된 9차 개헌으로 제6공화국이 탄생했다. 제6공화국 못지않게 87년 체제라는 표현도 많이 쓴다. 성립한 지 40년이 다 되어가는 장기 공화국인 동시에 체제인데, 여기서 체제와 공화국과의 개념적 차이를 논할 여유는 없고 그럴 계제도 아니다. 다만 거의 모든 식자들이 1987년 민주 항쟁으로 성립된 정치 질서는 2016~2017년 촛불혁명으로 사실상 종언을 고했고 개헌과 선거법 개정 등 주요 정치제도의 정비를 통해 제7공화국으로 하루 빨리 진입해야 한다는 인식이 절박하다는 점은 다시금 환기할 만하다. 나 자신도 관여하고 있는 계간 《창작과비평》은 그와 같은 문제의식을 2025년 체제 만들기로 형용하는 마당이다.

제7공화국이든 2025년 체제든 중요한 것은 우리가 발딛고 선 현실의 문제를 직시하는 자세다. 21세기 자본주의 세계 체제는 미국과 소련과 짝춤을 연출하면서 자신의 '영토'를 관리하던 시대에서 혼돈의 다극 체제로 — 패권국의 궐위라기보다는 엇비슷해진 힘을 가진 국가들 가운데 수석의 지위를 놓고 다투는 상황으로 — 변모했으며 그런 체제 속의 한국이 직면한 연동적 위기 국면에 대한 정확한 인식과 그런 인식에 근거한 정직한 자기 성찰이 무엇보다 절실한 시점인 것이다.

낙관과 비관을 넘어서

새 공화주의를 주제로 내건 《동향과 전망》의 좌담에 초청을 받고 준비하는 과정에서 어떤 이야기가 나오든 일단은 한국 내부의 정세가 참석자들의 주요 관심사가 되리라는 생각이 들었다. 개인적으로도 2024년 12월 3일 내란 사태 이후부터 4월 4일 대통령 탄핵, 6월 3일 21대 대선까지의 경과에 대한 논자들의 실감을 듣고 싶었다. 또한 이제 석 달도 채 되지 않은 터라 성급한 감이 없지 않지만 이재명 정부를 보는 시각이 어떤지도 궁금했다. 대담에서 나는 나 자신을 하루하루를 낙천적으로 사는 '비관적 현실주의자'라고 표현했다. 하지만 낙관과 비관 모두는 앞날을 이리저리 계산한 결과에 따른 타산적인 태도에 불과하다. 낙관과 비판 모두를 넘어서는 삶의 지향이 관건일 따름인 것이다.

극단적 진영으로 갈라진 채 저마다 확증 편향의 포로가 되어 버린 한국의 정치 현실, 동족 간의 선의만으로는 결코 종식될 수 없다는 것이 거듭 증명된 – 그러나 그런 선의가 또 없어서도 안 되는 — 남과 북의 지리멸렬한 대결 상황, 2020년대 들어 더 미묘하게 섞여 들면서 재편되는 북·중·러와 한·미·일의 진영 구도, 더 나아가 인류 문명에 종말의 짙은 그림자를 드리운 지 오래지만 '뉴 노멀'이라는 말로 뭉개고 있다시피 하는 전 지구적 기후 위기를 동시에 직시할수록 낙관도 비관도 모두 부질없다. 공화의 뜻을 생각해 보는 것도 그런 맥락에서다. 새 공화주의에서 핵심 덕목으로 삼고 있는 경합적 시민과 시민적 덕성의 근본은 자기 자신을 비판적으로 성찰하는 자세에 있다고 본다.

이 자세는 결국 자기를 사태의 일부로, 문제의 해결사가 아닌 일부로 간주하게 만든다. 한국 지식인들의 고질적인 병폐도 국외자의 입장에서 그럴싸한 청사진이나 해답을 제시하면서 판관 행세를 하는 데 있지 않나. 툭하면 관전 포인트 운운하면서 그쪽 '전문가들'이나 알아먹는 용어를 남발하는 지식계의 문제는 어제오늘 일이 아니지만 자기 성찰적 자세는 12.3 내란 사태 이후를 보는 시국관에서도 가장 중요한 상식의 바탕이라고 생각한다. 공화의 차원에서 우리 사회의 가장 화급한 과제가 무엇인가를 파악한들 그와 같은 양식이 바탕에 깔리지 않는 한 일체의 변혁 구상도 도루묵이 될 것이 뻔한 이치다.

2016~2017년의 '촛불혁명'은 어떤 역사적 교훈을 남겼

는가. 2024~2025년의 '빛의 혁명'에서 우리는 또 어떤 사상적 유산을 끌어내야 하는가. 두 사건 모두 세계사적으로 유례를 찾기 힘들 정도의 혁명적 사건임이 분명하다. 그러나 혁명으로 지칭되는 두 차례의 평화 시위는 동시에 우리의 민주주의가 얼마나 취약한 토대 위에 아슬아슬하게 존재하고 있는가도 더없이 선명하게 각인시켰다. 오직 시민의 힘으로 살아 있는 권력을 권좌에서 평화적인 방식으로 끌어내리고 단죄한 신명과 축제로서의 저항운동임을 너나없이 상찬하고 있지만 젊은이들의 응원봉이 발산한 '빛의 혁명'이 윤석열의 불법 계엄을 규탄하는 바로 그 순간에도 기득권 양당 체제의 문제를 잊지 않고 있었다는 사실을 기억해야 한다. 우리의 취약한 민주주의의 토대를 진정으로 염려하고 국민 복리에 기여하는 실질적인 보완과 개선 작업에 나서는 식자들은 얼마나 되는가 묻지 않을 수 없다.

조선조의 개항 이래 이런 저항운동의 역사적 계보를 추적하고 바로 세우는 학술 작업은 매우 중요하고 이것이 한국인으로서의 자긍심 고취에만 국한되는 일은 아니라고 본다. 그러나 그에 못지않게 동학에서 3.1·4.19 혁명, 1987년 민주화운동을 거쳐 오늘날까지 이어지는 시민혁명 이후에 어떤 역사적 어둠이 도사리고 있었는가를 냉철하게 직시하는 역사 공부가 뒤따르지 않는다면 빛나는 계보 만들기

작업의 뜻이 참답게 드러나기는 어려울 것이다. 좌담에서 굳이 김상준 교수가 입론한 '마의 순환 고리' 또는 '독재의 반복 고리'를 언급한 것은 그의 분석에 전적으로 동의해서는 아니었다. 그의 글에서 미래를 참으로 두려워하는 마음이 읽혔기 때문이었다. 그의 논의를 기우(杞憂) 정도로 치부한다면 문재인 정권 말기의 혼란상을 한번 날별로, 월별로, 분기별로 복기해 보기를 권한다.

20대 대선 당시 '진보 진영'은 윤석열의 승리를 하늘이 무너지는 듯한 충격으로 받아들이는 듯했다. 나 자신은 일면 담담했고, '올 것이 왔구나' 하는 느낌이었다. 그러면서 '이 또한 지나가리라'고 되뇌면서 스스로를 다독였지만 시민으로서 반복되는 지난한 싸움을 앞에 두고 생활해야 한다는 착잡함이 앞서기도 했다. 2022년 5월 10일에 출범해서 3년도 다 채우지 못한 윤석열 정부의 정치적 성격에 대해서는 좌담에서도 여러 적절한 분석적 언급들이 있었다. 모두 공감할 수 있는 말이었는데, 한두 마디 더 얹고 싶다. 그 정부를 단순히 검찰 독재 권력이라든가 수구 세력으로 규정하는 것에서 그쳐서는 안 되기 때문이다.

검찰총장에서 곧바로 정치에 뛰어든 윤석열이라는 사람이 대통령의 자리에 오를 수 있었던 데는 숱한 우연적 요인들이 작용했겠지만 기본적으로 우리의 민주주의에 음양으로 제약을 가하는 분단의 상황이야말로 그를 대통령으로 밀어올린 온상일 것이다. 또한 어찌하여 성공한 평화혁명 이후에 음습한 권력이나 세력이 (그것도 반복적으로) 득세하는가를 진지하게 성찰할수록 진보 대 보수라는 구도는 물론이고 도대체가 우리 사회에서 진보와 보수라는 것이 실체가 있는 개념인지도 불확실해진다. 반세기를 훌쩍 넘긴 분단의 상황에서 강대국의 틈바구니에 여전히 끼어 있는 상태가 지속되는 한 '빨갱이'와 '수구 꼴통'은 끝없이 악성으로 진화를 계속할 것이고 진영 대결의 악순환은 반복될 것이라는 우울한 전망에 사로잡힌다.

냉정하게 직시하면 한국은 이제 국제사회로부터 '선진국'이라는 공식 인준을 받았지만 진영으로 극렬하게 분열된 내부 상황은 좀처럼 개선될 기미가 안 보일뿐더러 문재인 정부 당시 발동을 걸었던 한반도 평화 프로세스의 구상도 언제 온전히 재가동될지 요원한 형편이다. 남북의 특수관계를 '교전 중인 국가 대 국가'로 규정한(2023년 12월 26일 노동당 중앙위 제8기 9차 전원회의) 북이 미국을 등진 채 중국과 러시아 사이에서 '등거리 곡예'를 지속하는 한 한반도의 공존과 평화로 가는 돌파구는 열리지 않을 것이다. 최근 《New Left Review》에서 한 외국 논자는 이재명 정부 앞에 놓인 한반도 평화의 문제가 전임 '민주 정부들' 때

보다 실마리를 풀어가기 더 어려워졌다는 분석을 내놓았는데(Gray, 2025), 동의하지 않을 도리가 없다.

그러나 그렇게 동의하기 때문에 성찰하는 시민이라면 각자가 이 같은 현 상황을 어떻게 하면 조금이라도 타개할 수 있는가를 생각하면서 살아야 할 터이다. 그런 의미에서 이재명 정부가 마주한 가장 큰 위험은 '빛의 혁명'에 안주하는 데 있다고 본다. 물론 '윤 어게인'은 실현될 수 없는 망상 병에 불과하다. 윤석열이 획책한 계엄이 성공했다면 어떤 일이 벌어졌을지에 대해 전혀 무감각한 그와 같은 정신병이 한국 사회의 일각에서 창궐하는 현상에 어느 누구도 책임이 없다고 자신할 수 없을 것이다.

이재명 정부하에서도 안팎으로 나쁜 교착 상태가 반복되고 강화될 여지는 여전히 많다. 어떤 정당, 조직이든 건강한 비판과 논쟁을 '내부 총질'이라고 묵살하거나 억압하는 곳에 희망이 있을 리 없다. 또한 개악인 줄도 모르고 성마르게 밀어붙이는 개혁만큼 반개혁적 퇴행도 없다. 혁명의 완성이 사람과 제도의 '동시적 혁신'에 있다면 완성에 무한히 가까이 갈 수 있을 뿐 완벽한 혁명이라는 것은 존재하지 않는다. 이것은 역사의 냉엄한 교훈이기도 하고 계간 《창작과비평》의 편집진들은 이미 그런 교훈을 지혜롭게 소화하여 근대의 이중과제론과 변혁적 중도론을 제출한

바 있다. 《동향과 전망》의 편집진이 활발하게 개척하고 있는 새 공화주의 담론과의 접점도 이번 좌담 참석을 계기로 좀 더 구체적으로 숙고하게 되었지만 선불리 주견을 내세울 만큼의 채비는 갖추지 못했다. 여기서는 공화라는 근본 발상에 대해 결론 삼아 한두 마디 첨언하는 것으로 갈증을 달래려고 한다.

새 공화주의 담론이 남긴 과제

좌담의 말미에서 내가 《동향과 전망》의 최근 일련의 담론 작업(《탄핵 이후, 새로운 공화국을 위하여》, 《새 공화주의와 한반도 평화》, 《위기의 한국 정치와 공화주의 대안》, 《새 공화주의 경제체제》)에 대해 간단히 논평한 것을 두고 이일영 교수는 덕담이라고 말했다. 덕담이 맞지만 말치레도 물론 아니었다. 내란 사태 이후의 우리 지식계에서 '창비'를 제외하면 그 어디에서도 최선의 대안을 마련하려는 집단적 기획을 찾아보기 어려운 것이 엄연한 현실이기 때문이다. 정책 입안자나 행정가와는 달리 학자들의 실천적 소임은 특기할 면이 있다. 당장의 실행 내지는 집행 가능성에 목맬 일이 아니고 대중의 호응에 연연해서도 안 되는 것은 너무도 당연한 말이다. 인문학에 관한 한 학술 행위의 핵심은 지금 당장 현실을 더 나은 방향으로 끌고 갈 수 있는 정책이라고 내세운 것의 근거들을 근원적 차원에서 성찰하는 일이라고 본다.

서두에서 언급했다시피 공화주의는 꽤나 낯익은 개념이고 역사적 변이도 다양하다. 《동향과 전망》의 작업에서 매우 흥미롭게 생각한 대목은 서구(미국)의 정치학자들이 입론한 새 공화주의를 한국적 현실에 접목시키려는 노력 외에도 동아시아의 전통에서 공화적 발상을 새롭게 해석하려는 시도였다. 그뿐만 아니라 동학운동과 3.1 혁명 이후 우리 역사에 축적된 개혁 사상을 환기하면서 오늘날의 구체적 현안을 과제로 제시한 점도 한국의 정치 현실에 시사하는 바가 크다고 봤다. 물론 이 새 공화주의 담론이 구체적인 실천 전략을 담지한 사상의 노선이 되기 위해서는 갈 길이 멀다. 하지만 가령 '비지배로서의 자유'만 하더라도 한반도의 남쪽과 북쪽 공히 – 정치 당국자만이 아니라 시민들 개개인도 – 절실한 자기 과제로 삼아서 공통의 분모를 찾는 데 영감을 제공할 수 있는 중요한 발상이 아닌가.

바로 그렇기에 새 공화주의 담론에도 비판적 문제 제기는 반드시 필요하다. 백승욱 교수는 이 저작들이 "공화주의 사상에서 좋은 것을 다 모아서 우리의 새로운 공화주의"

라고 부르고 있다고 꼬집었다. 그의 말처럼 "모든 논의의 출발은 이미 작동하고 있는 이 기계의 원리가 무엇인지부터 분석하는 데 있어야 한다"라는 것도 맞는 주장이다. 다만 《동향과 전망》에서 제안한 새 공화주의 담론에 그런 분석이 전무한 것이 아닌 바에야 공화주의 사상에서 좋은 것을 다 모았다고 비판하기보다 혼돈에 빠져든 세계 체제의 맥락에 있는 동아시아와 한반도의 정세를 바로 보면서 한국이 어떻게 제대로 된 방향을 잡아야 하는가에 대해 (거칠게) 그려진 새 공화주의 청사진에서 차선의 대안이나마 구체적으로 분석해 내는 훈련을 끊임없이 해야 한다고 본다. 구갑우 교수는 좌담에서 한반도 문제와 국제 문제를 사유하는 데 한계를 드러내는 한국 진보·좌파의 문제를 극복하는 방법으로 새 공화주의를 들여올 필요에 대해 이야기했는데 공감하는 면이 적지 않다.

아무튼 새 공화주의 담론은 이제 겨우 첫 발을 뗀 셈이고 20세기에 축적된 한국 변혁 사상과의 창의적인 접목은 숙제로 남아 있다. 학자로서 이러한 과제를 앞에 두고 골똘해지게 만드는 것은 무엇보다 우리 사회에서 양식과 상식을 갉아먹는 온갖 종류의 — 좌우를 막론하고 유튜브라는 언론 생태계가 독버섯처럼 퍼뜨리는 — 확증 편향과 자기 확신, 근거 없는 정신 승리의 회로에서 어떻게 벗어나 최선의 변혁을 위한 더 근원적인 사상을 일궈 나갈 것인가 하는 문제다. 공화는 그런 사상으로 향하는 길에서 취해야 하는 소중한 방편의 하나라고 믿는다.

04

빛의 혁명 이후 한국 민주주의의 개혁 방향: 왜 지금 공화주의인가?

장은주 영산대학교

'12.3 내란'에서 아마도 가장 '엽기적인' 장면 중의 하나는 윤석열이 이 내란의 명분을 '자유민주주의의 수호'라고 한 데 있을 것 같다. 사실은 자유민주주의를 무너뜨리려 했으면서 자유민주주의를 수호한다고 했으니 말이다. 그러나 우리는 우리 사회에서 이 자유민주주의 문제를 윤석열의 엽기적인 정치적 수사 너머에서 근본적으로 성찰해 볼 필요가 있다. 여기에는 바로 윤석열이 주도한 검찰 통치 체제가 탄생하게 된 기원이 숨겨져 있다.

한국 검찰 통치 체제의 자유민주주의적 기원

자유민주주의는 역사적으로 민주정이 '다수의 폭정'을 결과한다는 편견 위에서 인민대중의 주권적 권한에 대해 기본권의 규정, 권력분립, 법치주의 같은 헌정적 제한을 가하는 과정에서 성립했다. 부유한 소수의 재산권과 자유를 보호하려 했던 목적이 컸다. 그러니까 이 체제는 '제한적 민주주의'로서 대중들의 민주적 권한보다는 엘리트의 역할에 더 많은 무게를 두는데, 무엇보다도 헌법재판소를 비롯한 사법부가 강력한 권력을 갖고 있다. 많은 나라에서 이런 자유민주주의의 본성은 사법 권력이 기득권 엘리트의 정치적, 경제적 헤게모니 유지를 위한 도구로 기능하게 했다. 히르슐은 이런 현상을 '사법 통치'라는 개념으로 포착하려 했다.

이런 사정은 한국의 경우에도 마찬가지였는데, 1987년 민주화 이후에도 시민들의 기본권 보호와 확대는 등한시되면서 엘리트 지배 체제의 존속과 강화 경향이 이어졌다. 그런 점에서 한국의 자유민주주의는 '사이비' 자유민주주의라고 할 수밖에 없다. 여기서 강력한 사법 통치는 핵심적 역할을 했다. 그리고 바로 이런 사법 통치의 연장선에서 한국형 검찰 통치 체제가 성립했다. 주지하는 대로, 이것은 한국의 검찰이 지닌 세계적으로 유례가 없는 권한 독점에 기초한다. 공화주의적 언어로 말하자면 한국 검찰은 행정 권력 기반 사법 권력으로서 아주 광범위한 공적 지배

(imperium)를 행사하는 권력으로 군림했다. 시민의 자유를 보호해야 할 법치적 국가권력이 거꾸로 시민들에 대한 자의적 권력 행사를 통해 강고한 엘리트 지배 체제를 구축하고 보호했다. 윤석열은 이 기반 위에서 민주적 과정을 통해 대통령이 되고 검찰 통치 체제를 구축했으나 민주적 견제와 저항(특히 22대 총선과 촛불 등)에 막혀 운신의 폭이 좁혀지자 12.3 내란을 통해 민주공화정 자체를 폐지하려는 시도까지 하다 실패했다.

이런 시각에서 볼 때, 내란을 온전하게 극복하기 위해서는 단순한 정권 교체 수준을 넘어서야 한다는 것은 명백하다. 검찰 개혁은 절대적으로 필요하지만, 검찰 통치와 내란을 낳은 우리의 사이비 자유민주주의 체제 자체에 대한 발본적 성찰과 혁신으로 나아가야 한다. 여기서 우리는 윤석열이 완성한 검찰 통치 체제가 우리 민주주의가 잉태한 '치명적 양극화(pernicious polarization)'라는 배경 위에서 탄생했다는 점을 놓치면 안 된다. 이것은 단순 다수결 승자 독식 선거제도와 제왕적 대통령제라는 '헌정 체제(constitutional system)'가 만들어 낸 정치 체제를 배경으로 형성된 적대적 양극화의 산물이다. 이 양극화는 오로지 진영의 승리에만 모든 정치적 목표를 집중함으로써 정치적 반대 세력에 대한 반민주적이고 폭력적인 배제조차 용인하는 데까지 나아갈 수 있게 한다. 국민의힘이 한 때 자신들의 정치적 기반을 궤멸시키려 했던 윤석열을 대선 후보로 받아들인 배경도 여기에 있고, 윤석열이 계엄을 통해 정치적 곤경에서 헤쳐 나오기를 시도한 이유도 여기에 있으며, 계엄 이후 지금까지 여전히 계엄에 찬성하고 탄핵에 반대하는 시민들이 거의 30%를 넘나드는 현실도 이로부터 이해할 수 있다.

우리가 이런 상황을 심각하게 받아들여야 하는 이유는 바로 여기서 선량하고 애국적인 '우리' 대 반국가적이고 불의하며 따라서 배제하고 혐오하는 게 정당화되는 '그들(난민, 페미니스트, 노동조합, 인종적·종교적·성적 소수자 등)'을 갈라치기 함으로써 권력을 획득하고 유지하려는 '파시즘적 정치'가 동력을 얻을 수 있기 때문이다. 지난 대선에서 국민의힘 극우 김문수 후보가 41%의 지지를 얻고 또 다른 차원의 극우 이준석 후보가 거의 9%에 육박하는 지지를 받았다는 사실은 매우 경악할 만한 일이다. 극우의 준동이야 세계적 흐름이라고 할 수 있지만, 이 현실이 우리의 민주적 헌정 질서 자체를 위협하는 지경으로 나아가는 건 막아야 한다. 지금까지 우리의 민주주의 이해를 지배해 왔던 다수결주의적, 선호집합적 민주주의 모델부터 돌아보아야 한다. 이 '자유주의적' 민주주의에서는 민주적 정치과정이 반드시 담아내야 할 '공동선'에 대한 모색도 없었고, 시민적 참여는 가능한 한 배제되었으며, 시민들은 사회적 문제 해결을 위한 민주적 숙의와 연대 등의 가치는 외면한 채 다수 확보를 통한 개인적, 집단적 이익을 맹목적으로 추구했다.

민주적 공화주의와 새로운 헌정 체제의 모색

'민주적 공화주의'는 '비지배 자유'의 이념을 토대로 하는 서구의 신공화주의를 수용하되, 유교적 정치 전통은 물론 한국의 역사에서 확인되었던 고유한 민주적 전통과 사상(특히 '삼균주의')을 재구성하여 발전시키려는 고유한 공화주의 정치철학이다. 이것은 모든 시민이 비지배 자유를 누릴 뿐만 아니라 궁극적으로 평등한 존엄성을 향유할 수 있도록 해야 한다는 정치적 지향을 발전시킨다. 여기서 우리의 '공화(국)'는 모든 시민의 평등한 존엄성에 대한 상호 인정의 체제로 이해된다. 공화국은 공적 지배는 물론 시민 사회 속에서 사회적 '강자'의 '약자'에 대한 자의적 권력 행사('갑질')의 형식으로 나타나는 '사적 지배(dominium)'를 막아 낼 수 있어야 할 뿐만 아니라, 시민들의 인간적 존엄성을 모욕하는 다차원적 사회적 불의들을 없앨 수 있어야 한다. 그런 바탕 위에서 다양한 사회 세력의 공존과 공생을 추구해야 한다.

민주적 공화주의는 공동선의 정치, 평등한 인간 존엄성의 인정, 시민의 적극적인 참여 같은 핵심 원리를 강조하는데, 이를 바탕으로 내란의 온전한 극복과 민주공화국의 이상을 실현하기 위한 새로운 헌정 질서를 구축하는 일이 절실한 실천적 과제로 떠올랐다. 새로운 공화적 민주주의에서는 사회권을 획기적으로 강화함으로써 모든 시민의 기본적인 물질적 독립과 안정을 확립하는 것과 더불어, 정치적 의사 결정 과정에 시민 참여를 확대하고 강화하기 위한 다양한 제도적 장치들이 마련되어야 한다. 가령 '시민 의회'의 제도화가 필요하다. 그리고 검찰 개혁을 넘어 사법 개혁 또한 필요한데, 여기서는 무엇보다도 중요한 게 시민의 참여와 견제가 보장되는 사법 시스템을 마련하는 것이다. 미국의 배심원제나 독일의 참심제 또는 이를 결합한 일본의 재판원 제도 등이 좋은 모범이 될 수 있다. 물론 공화의 이상의 실현하기 위해서는 권력 구조 또는 통치 구조의 개혁이 가장 중요한 과제인데, 이 개혁은 단순한 대통령 4년 중임제(또는 연임제)로는 불충분하고 기본적으로 '대체 군주'로서의 성격을 가질 수밖에 없는 대통령의 제왕적 권력을 제한할 수 있는 '분권형 대통령제'와 국회가 극단적인 정치 양극화를 완화할 수 있는 방식으로 구성되도록 하는 제도를 도입하는 방향으로 이루어져야 한다. 한국 민주주의 체제와 선거제의 경로 의존성을 고려하면, 지금처럼 소선거구제 지역구 중심의 선거로 구성되는 하원(가칭 '민주원')과 완전한 비례대표제로 구성되어 하원의 입법 활동에 대해 거부권을 행사함으로써 극단적 양극화를 완화할 수 있는 상원(가칭 '공화원')으로 구성되는 한국형 양원제가 새로운 공화적 헌정 체제의 한 모델로 제시될 수 있겠다. 물론 이런 방향의 개혁은 궁극적으로 강력한 시민 참여를 기반으로 해야 한다.

05

공화주의와 이재명 정부의 과제

황순식 전국비상시국회의

시대정신과 국가 목표

1980년대 말, 냉전 해체와 더불어 시작된 미국 중심 자유주의 세계 질서의 붕괴는 이제 부정할 수 없는 현실이 되고 있다. 중국의 부상과 경제적 양극화의 심화, 기후 위기와 이민·이주의 확대, AI와 미디어 혁명, 이로 인한 차별과 혐오의 확산은 사회·정치적 혼란과 세계적 불안을 더욱 키우고 있다. 전 세계적인 극우의 난동과 트럼프의 등장, 윤석열의 계엄 등은 이러한 총체적 혼란과 불안에 대한 반동이라 볼 수 있다.

20세기 후반 대한민국의 성공 신화는 강제적이든 자발적이든 다수의 동의에 기반한 국가 목표, 즉 시대정신이 있었기에 가능했다. 박정희 정권은 국가주의·성장주의·반공주의를 내세워 경제성장을 국가 목표로 삼았다. 1987년 이후에는 정치·경제적 민주화와 통일이 시대정신이 되었고, 1997년 IMF위기 이후 신자유주의적 개혁이 이루어졌다. 노무현 정부 시기에는 한국이 경제적으로 선진국 문턱에 이르렀고, 정치적으로도 민주화가 안착된 것으로 평가되었다. 진보정당도 평등·인권·노동·복지를 시대정신으로 제시하며 일정 부분 성과를 냈다.

그러나 그 성공 이후 한국 사회 다수가 동의하는 시대정신, 국가의 좌표가 사라졌다. 거대 양당이 성장과 민주주의를 모두 수용하면서 정책적 차이는 줄어들었고, 그럴수록 정치투쟁의 강도는 더 세졌다. 이명박 정부는 '다시 성장'을 외쳤고, 박근혜 정부는 박정희 시대에 대한 향수로 탄생했다. 문재인 정부는 김대중·노무현의 정책과 정신으로의 복귀를 지향했으며, 윤석열 정부는 다시 반공 이념을 불러왔다. 지난 20년 가까이 한국 정치에서 복고와 향수가 선택의 기준이 되어 왔던 것이다. 중요한 점은, 한국 사회와 정치에서 이념과 경험에 기반한 정서와 레토릭은 여전히 강력하게 작동하고 있다는 사실이다. 복고를 넘어 앞으로 나아가기 위해서는 새로운 담론과 레토릭이 필요하다.

현재 한국 사회는 세계적·국내적 복합 위기에 빠져 있다. 이를 해결하려면 다수의 동의에 기반한 목표 설정과 실행 방법론이 필요하다. 성장률 하락, 불평등·양극화와 불공정(감), AI-일자리 위기 속에 취업-결혼-출산-육아-노후로 이어지는 삶의 리듬이 붕괴했고, 이는 저출산·고령화와 인구 소멸·지방 소멸로 이어지고 있다. 그러나 위기만을 강조해서는 이를 극복하기 위한 긍정적 에너지를 끌어내기 어렵다. 오히려 반동으로 이어지는 불안만 증폭시킬 수도 있다.

이재명 정부의 국정 계획

이재명 정부의 〈국정운영 5개년 계획(안)〉(이하 '5개년 계획')(국정기획위원회, 2025a)을 보면 이러한 문제의식이 공유되고 있음을 확인할 수 있다. 이 계획은 지구적 차원의 시대적 과제로 '거대한 후퇴와 끝없는 변화'를, 한국의 시대적 과제로 '불안 해소, 불평등·양극화 해소, 경제 회복과 혁신 성장, 공정 경제와 기본적 삶의 보장'을 짚었다. 그리고 시대정신으로 '경제성장과 불평등 해소를 통한 국민행복 실현'을 제시했다. 이는 지금까지 경쟁하고 충돌해온 '성장'과 '평등'이라는 두 마리 토끼를 모두 잡겠다는 것이다.

하지만 '성장'과 '평등'을 모두 추진하기 위해서는 수많은 충돌 지점이 있고, 사회·경제적 계급·계층 간의 갈등이 불가피하다. 벌써부터 보수 언론은 정부와 민주당이 '기업하기 좋은 나라'를 말하면서도 노란봉투법, 산재 처벌 강화, 상법 개정 등으로 기업을 압박한다고 비난하고 있다. 또한 '2국가론'의 등장, 윤석열 계엄의 배경이 된 '반공'의 부활과 '반중·혐북' 정서의 확산, 트럼프 2기의 '미국 우선·동맹 압박' 외교 등으로 새로운 남북 관계와 동맹·외교 정책에 대한 사회적 대화와 합의를 절실히 요구하고 있다.

민주당 정부는 늘 '성장'과 '평등', '남북 대화'와 '한미 동맹'을 동시에 강조해 왔고 '노사정위원회', '원전 공론화위원회' 등 사회적 대화와 공론장 형성을 시도해 왔다. 이재명 정부도 그 연장선상에서 '공론장'의 확대와 제도화를 공약했다. 2016~2017년 촛불혁명과 2024~2025년 빛의 광장은 그 시대적 배경이 되었다. 문재인 정부는 촛불의 '이게 나라냐?'는 개혁 요구를 충분히 실현하지 못했고, 윤석열의 계엄과 다시금 일어난 광장의 운동을 거치며 시민들의 엘리트 정치에 대한 비판 의식과 정치 참여 의지는 더욱 강화되었다.

이러한 맥락에서, 탄핵 광장을 이끌었던 '윤석열즉각퇴진·사회대개혁 비상행동'(이하 비상행동)에 참여한 시민단체 활동가들이 모여 '광장대선연합정치시민연대'(이

하 광장연대)를 결성했고, 민주당·조국혁신당·진보당·기본소득당·사회민주당과 함께 5월 9일 '5·9공동선언'을 발표했다. 이 선언은 이재명 후보 지지와 함께 내란 특검과 반헌법행위특별조사위원회 설치, 거부권 거부 법안 재입법, 정치 개혁, 국민 참여형 개헌, 사회대개혁위원회 설치·운영 등을 약속했다. 특히 '광장-연합정치 시대를 열어 가겠다'는 레토릭과 함께 기후 위기 극복, 불평등 해소, 식량주권 등 11대 사회대개혁 과제가 담겼다. 이 과제들은 '비상행동'에 적극 참여한 200여 활동가들이 집중 토론을 통해 도출한 것이다.

이재명 대통령은 2022년 출마 선언문에서 '억강부약'과 '대동세상'을 강조했다. 2025년 선거에서는 '먹사니즘'과 '잘사니즘'을 내세우며 시스템 회복과 성장을 더 강하게 부각했지만, '5개년 계획'에서는 '공존동생', '경청과 통합'을 강조하고 있다. 또한 이재명 정부는 스스로를 '국민주권정부'라 명명했으며, 윤석열 정권과 계엄 사태를 거치며 권력구조 개편과 정치 개혁은 피할 수 없는 과제가 되었다. 공화주의는 이러한 목표를 달성하기 위한 중요한 이론적·이념적 자원이 될 수 있다.

공화주의의 과제

이일영은 공화주의 사상을 마키아벨리의 '혼합정체', 아렌트의 '시민적 덕성', 필립 페팃의 '비지배 자유' 개념으로 도식화했다(구갑우 외, 2025). 혼합정체는 정치 개혁·개헌 과제와 연결될 수 있다. 시민적 덕성은 국민주권(시민 주권), 공론장과 연결된다. 비지배 자유는 '억강부약', '대동세상'과 맞닿아 있으며, 경제 개혁과 지방 분권·발전, 남북 관계와 외교의 목표가 될 수 있다.

먼저 '혼합정체'와 관련해 살펴보면, 통상 삼권분립의 순서는 입법-사법-행정 순으로 이해되지만 현재 한국의 권력 순위는 행정-사법-입법 순으로 보인다. 탄핵 국면에서는 헌재와 대법원에 대한 국민의 신뢰가 요동쳤고, 진영에 따라 비난과 찬양이 엇갈렸다. 시민 주권, 국민주권의 제도화에 대한 요구도 높아지고 있다. 앞으로 개헌과 정치·사법 개혁 과정에서 공화주의적 분석과 대안이 활발히 논의되어야 한다. 특히 이 분야는 정치적 에너지가 집중되는 만큼 다시금 극한 대립으로 흐를 가능성이 크다. 실효성 있는 공화주의적 담론과 레토릭의 개발이 절실하다.

'비지배 자유'의 문제는 국민 다수에게 정치권력보다 경제 권력에서 더 크게 체감된다. 불평등과 불공정, 차별과 혐오의 문제와 직결되기 때문이다. 이 문제들을 공화주의의 언어와 이론으로 풀어 낼 수 있다면 '성장 대 분배', '자유 대 평등'이라는 구도를 넘어설 수 있을 것이다. 이는 경제 일반뿐 아니라 구조적 차별과 지방분권의 문제에도 적용될 수 있다(정준호·이일영, 2025). 또한 남북 관계와 외교에서 '평화 공존'을 실현하기 위한 원리로도 비지배 자유를 발전시킬 수 있다(이기호·구갑우, 2025).

'동학운동'과 '3.1 운동'부터 최근의 '촛불혁명'과 '빛의 광장'까지, 한국 사회는 '시민적 덕성'을 뒷받침하는 역사적 자원이 풍부하다. 보수 우파가 흔히 예로 드는 자코뱅파나 홍위병과 같은 급진주의적 폭력성과 무질서를 한국의 민중운동, 시민운동에서 찾기는 어렵다. 오히려 무질서와 폭력은 일제 식민통치와 4.3, 5.18 등의 예처럼 지배 엘리트의 전유물이었다. 직접민주주의와 숙의민주주의를 포함한 공론장의 확대와 시민 참여 제도의 설계에 공화주의적 담론과 접근이 필요하다.

공화주의가 주류 담론이 되기 위해 넘어서야 할 가장 큰 장벽은 '매력'이다. 근대의 3대 정치 이념이라 할 수 있는 자유주의, 사회주의, 보수주의는 서로 충돌하고 적대하면서 옹호자들의 열정을 이끌어 냈다. 반대의 존재가 있어야 지키고자 하는 열정도 커진다. 그러나 공화주의는 충돌하기

보다 포섭하려 한다. 해법은 맥락에 따라 갈라지고, 설명하기도 쉽지 않다. 공자님 말씀대로 중용은 언제나 어렵다[《중용(中庸)》 9장].

하지만 지치고 불안하며 안정적인 개혁과 자존감을 원하는 다수 국민에게 공화주의는 충분히 매력적일 수 있다. 임시정부 수립, 노태우 정부 시절의 통일 방안 합의 등 공화주의적으로 해석될 수 있는 역사적 사건과 성공 사례를 적극적으로 스토리텔링해야 한다. 결국 사람을 움직이는 것은 이야기다. 경제적 풍요를 넘어 자부심을 가질 수 있는 나라, 안전하고 성장하는 삶에 대한 희망을 만들어야 한다.

이재명 대통령은 실용주의를 강조하고 있는데, '공화적 실용주의'도 고민해 볼 수 있다. 성장과 분배, 친미와 균형외교 같이 대립할 수 있는 목표를 동시에 추진하면 결국 하나를 선택하게 되거나 양쪽 모두에게 비난받을 가능성이 크다. 중요한 정책 결정을 시민과 야당과 함께한다면 책임을 분산할 수 있고, 오히려 시간을 줄이며 추진 동력을 높일 수 있다. 다양한 정치 주체와 소통하고 권한과 책임을 나누는 것, 그것이 공화주의의 원리다. 지난 총선과 대선 국면에서 '연합정치'가 강조되어 왔던 맥락이기도 하다.

이재명 정부의 과제

정부 주요 인사는 비교적 온건한 정치인과 전문가·관료 중심으로 구성돼 대체로 나쁘지 않은 평가를 받고 있다. 그러나 정치색과 이념 색이 줄어들었다는 것을 긍정적으로만 보기는 어렵다. 특히 약속했던 '연합정치' 맥락에서의 다양성이 보이지 않는다. 정부 내의 다양성이 줄었다고 해서 사회의 다양성이 사라지는 것이 아니다. 오히려 무시되고 억눌린다는 불만이 커질 수 있다.

더욱이 이재명 대통령은 만기친람형 리더로, 구체적 업무까지 직접 챙기는 것으로 알려져 있다. 이러한 리더에게 관료는 지시를 수행하는 도구적 확장에 머물 위험이 있다. 국가를 큰 틀에서 경영해야 하는 대통령에게 이러한 방식은 무리일 수 있다. 반대로 과거 민주당 정부에서 관료에게 포획되어 약속했던 개혁이 미뤄지는 현상이 너무 빨리 오는 것이 아니냐는 우려도 존재한다.

이 같은 문제를 해결하려면 다양한 정치 세력과의 소통과 연대, 시민의 참여가 필수적이다. '5개년 계획'에도 참여와 통합을 위한 4대 추진 체계가 제시되어 있다. ① 국가시민참여위원회, ② 국민통합위원회, ③ 정부·정당·시민사회 소통 협의체, ④ 정부·국회 상설 협의체와 여·야·정 협의체다. 소통과 협의를 위한 기구를 제도화한다는 것은 의미가 있다. 아직 구상·구성 중인 이 기구들이 실효성 있게 설치·운영되기 위해서는, 참여하는 시민과 단체를 소통과 경청의 대상이 아니라 토론과 협의를 통해 함께 변화를 만들어 가는 주체로 보는 정부의 적극적인 태도가 필요하다.

'정부·정당·시민사회 소통 협의체'는 앞서 말한 '5·9공동선언'에서 시민사회와 제 정당이 참여하는 거버넌스 기구로 제안된 '사회대개혁위원회'에 해당한다. 명칭이 아직 확정된 것은 아니지만 '사회대개혁'이라는 단어가 빠진 것은 이를 부담스러워하는 신호일 수도 있다. 그러나 이 정권의 성공은 개혁 없이는 불가능하다. 개혁은 정부와 민주당만으로 이룰 수 없다. 이는 문재인 정부의 교훈이기도 하다. 개혁의 동력을 모으려면 정부 차원의 사회대개혁위원회뿐 아니라 정당 차원의 연합정치의 틀도 필요하다.

주요 의제에 대해 공론화 위원회를 구성·운영하고 국정·공익 활동의 시민 참여를 활성화하는 '국가시민참여위원회'도 중요하다. 차별금지법, 개헌, 연금 개혁, 남북 관계·통일 방안 등 국론을 분열시키고 정치권에서 표류 중인 주요 의제들은 시민 의회와 같은 공론화 기구를 통해 사회적 합의를 도출해야 한다. 다만 공론장은 중앙정부의 공식 기구뿐 아니라 민간과 지역 차원에서 다양한 방식으로 진행되어야 자발성과 역동성을 가지며 '시민 주권'을 확장할 수 있을 것이다.

이번 정부에서는 반드시 개헌과 정치 개혁을 이루어야 한다. 지난 대선에서 분권형 개헌은 모든 정치 세력이 동의한 바 있다. 시민 참여 과정을 거쳐 내년 지방선거에서 합의된 만큼 바꾸고, 2028년 총선에서 2단계 개헌을 추진하는 것이 현실적이다. 정치 개혁의 의제는 결선투표제, 의회의 비례성 강화, 원내교섭단체 요건 완화로 '5·9공동선언'에 명시되어 있다. 국회법 개정으로 가능한 교섭단체 요건 완화는 즉시 추진하고, 결선투표제는 개헌과 함께, 비례성 강화는 공직선거법상 다음 총선 1년 전까지 마무리해야 한다. '새 공화주의'의 담론이 가장 필요한 영역이다.

가장 큰 불안 요인은 여야의 강 대 강 대립이다. '민주당 주의자'를 자처하며 연합보다 자강을 주장해 온 정청래 의원과 '강경 반탄파' 장동혁 의원이 각각 민주당과 국민의힘 대표가 되면서 양당 대표가 악수조차 하지 않는 구도가 재현되고 있다. 개헌을 위해서는 3분의 2 의석이 필요하다. 여야의 강경 대립은 정치의 다양성을 실종시키고 근본적 개혁을 가로막는 요인이 되어 왔다. 이는 윤석열 정부의 파탄과 계엄을 불러온 원인이기도 했다. 다행히 이 대통령은 야당과의 대화 의지를 보이고 있다. 정부와 합리적인 여야

의원들의 공화주의적 행동과 제도 마련이 요구된다.

이 정부의 국정 과제를 모두 살펴보는 것은 이 글의 범위를 넘어선다. 다만 '5개년 계획'을 일별해 보면 복지와 노동 분야에는 진보적 정책이 많지만, AI 지상주의와 건설·토목 중심 경제가 우려된다. 자료집 320쪽에서 'AI'라는 단어는 648회 등장한다. 세계적 AI 혁명에 뒤처져서는 안 되지만, 경제·기술뿐 아니라 복지·안보·치안·농업 등 모든 분야의 문제를 AI로 해결하려는 발상은 바람직하지도 가능하지도 않다. 건설·토목 또한 주택·공항·도로·철도·송전탑 등 전방위적이다. 이는 환경 보호·탄소 중립 목표와 충돌한다. 조정이 불가피하다.

시민사회의 과제와 새로운 시대정신

정치·경제·외교·기후·환경 등 모든 분야에 있어 앞으로 5년은 결정적인 시기가 될 것이다. 시민사회 운동 진영도 또한 반성하고 혁신해야 한다. 조직된 시민사회가 시민 전체를 대표할 수는 없지만, 시민과 권력 사이에서 중심을 잡고 시민의 목소리를 정책과 의제로 발전시켜 증폭시키는 역할을 해야 한다. 그러나 지난 문재인 정부 시기 많은 활동가들이 개별적으로 정부에 참여하였고, 양극화된 정치 지형 속에서 눈치를 보며 바른 목소리를 내지 못했다는 비판에서 자유롭지 못하다. '비상행동'으로 뭉쳤던 시민사회는 다시금 각자의 의제를 중심으로 정부와 개별적으로 협상하는 모습을 보이고 있다. 압도적 힘을 가진 정부·여당을 상대하려면 핵심 의제를 중심으로 공동의 목소리를 만들어 내려는 노력이 절실하다. 개인의 야심을 경계하고, 시대정신을 함께 고민하며 공적 담론과 사회적 의제를 만들어 냈던 재야의 '공화주의적 전통'을 복원해야 한다(이기호·구갑우, 2025).

결국 개혁의 성공은 공통의 국가 비전, 시대정신을 창출할 수 있는가에 달려있다. 이재명 정부가 내세운 '경제성장과 국민 행복'은 추상적이고, 진보적 시민사회와 학계가 제기하는 복합 위기 담론은 절박하지만 지나치게 어두운 전망에 머무르는 경향이 있다. 반공·반중 담론에 기반한 극우의 위세도 여전히 만만치 않다. 복합 위기 극복을 통해 구현하고자 하는 밝은 미래를 표현하는 언어를 새롭게 구성해야 한다. 우리가 지향해야 할 대한민국은 단순한 경제적 선진국이 아니라 환경과 문화, 평화와 민주주의, 재분배와 기본 사회를 아우르는 품격 있는 사회여야 한다. 동시에 제국주의적 침략을 하지 않은 유일한 선진국으로서, 호혜적이고 비지배적인 외교를 구현해야 한다. 전 세계적인 K-문화에 대한 열광도 이러한 역사적 맥락과 관련이 있다. 새 공화주의 담론은 이러한 나라와 사회를 만들어 가는 가장 강력한 도구가 되어야 할 것이다.

부록

한반도 평화를 위한 길

《새 공화주의와 한반도 평화》 머리말

한국 경제의 공화적 성장을 위한 실천적 탐색

《새 공화주의 경제 체제》 머리말

새 공화주의 정치연합을 위하여

《위기의 한국 정치와 공화주의 대안》 머리말

새로운 대한민국을 위한 광장대선 연합정치 시민연대-제 정당 연석회의 공동선언문

국정기획위원회 국정운영 5개년 계획(안) 보도자료

이재명정부 123대 국정과제

한반도 평화를 위한 길

《새 공화주의와 한반도 평화》 머리말

21세기 들어서 우리가 경험하고 있는 것은 민주주의의 실패와 국가의 실패다. 특히 G7, G20라고 불리는 이른바 선진국들의 실패가 뚜렷하다. 민주주의의 위기는 제도적 결함에 있지 않다. 문제는 오히려 미국의 트럼프와 한국의 윤석열에서 볼 수 있듯이 제도적 권리의 남용에 있다. 민주공화국의 한 구성 요소인 헌정주의가 법에 의한 지배로 둔갑하고 법에 접근성이 높은 사람들에 의하여 법이 수단화되고 있는 현실에 있다. 법이 부여하는 권력을 무기로 삼는 현실은 민주주의가 얼마나 위험할 수 있는가를 보여준다. 공화주의를 다시 주목하는 이유이기도 하다.

시민혁명의 상징적인 계기가 되었던 프랑스혁명의 자유, 평등, 우애(fraternity)는 우선순위가 없으며 이 가운데 어느 하나가 결여되어도 중단 없는 시민혁명은 그 가치를 상실한다. 그런데 민주주의는 우애의 가치를 처음부터 상정하지 않고 있다. 우애는 헌정주의에 의해서 완성되지 않는다. 인간관계, 사회적 맥락, 공공성 등 휴머니즘을 바탕으로 한 공동체성으로 이루어지기 때문이다. 우애는 공화주의가 다시 회복시켜야 할 가치이자 공화주의가 성장할 수 있는 토양이기도 하다.

제6공화국을 성찰하면서 제7공화국을 다시 열어 가기 위해서는 공화주의 가치가 민주주의와 더불어 조화롭게 존중되어야 한다. 19세기말 조선왕조의 무능과 제국의 침략주의로부터 삶의 현장을 지키고 나라를 다시 만들려고 했던 개벽 사상(開闢思想)은 공화주의의 DNA를 가지고 있었다. 그러나 역설적으로 동학혁명은 동아시아에서 중국적 세계 질서의 종언을 알린 청일전쟁(清日戰爭)을 낳았고 동북아의 식민화를 가속화시켰지만 그것은 의도한 것이 아니며 오히려 그러한 방향으로 가지 않기 위해 저항했던 민중들의 의지를 배반한 결과였다. 당시의 개화사상(開化思想) 역시 민권사상과 리더십 육성을 통해 새로운 공공성을 만들고자 하였다. 불행하게도 개벽 사상과 개화사상은 모두 새로운 국가 건설의 가치와 이념으로 성장하지 못하고 분단 체제를 맞이하면서 귄터 그라스의 양철북 소년과 같이 성장을 멈춰버리고 말았다.

분단 체제는 그람시(Antonio Gramsci)와 지젝(Slavoj Žižek)이 지적하는 것처럼 새로운 것의 출현을 억압하는 괴물로 줄곧 작동해 왔다. 개벽과 개화사상의 핵심에는 '민권'을 넘어 '민본' 사상이 내재해 있다. 분단 체제가 이어지고 있지만 4.19 혁명, 5.18 항쟁, 6월 항쟁은 물론 촛불혁명에서 빛의 혁명에 이르는 역사적 맥락에는 민본주의가 흐르고 있다. 민본주의는 좌파, 우파 등의 이데올로기가 아니라 '삶(life)'과 '현장(local)'에 관한 것이다. 민본주의는 국가보다 더 오랜 역사를 가지고 있는 삶의 공동체로서 현장을 재활성화시키는 것이며 궁극적으로 누구에게도 지배받지 않는 자유를 기본으로 연대성을 회복하고자 하는 철학이며 운동 그 자체라고 할 수 있다.

21세기에 공화주의의 가치가 실질적으로 실현되기 위해서는 공화주의가 일국적 차원에 머물지 않고 국제 질서로 확장되어야 한다. 곧 국가 간에 신(neo) 공화주의와 새(new) 공화주의가 제시한 '비지배(non-domination)로서의 자유'의 원칙이 반드시 적용되어야 한다. 그런 의미에서 이 책에 실린 글들은 비지배 자유의 원칙을 국제 질서로 확장해야만 국내적 차원에서 공화주의도 가능하다는 점을 강조하고 있다. 곧 국가 간 비지배 자유의 원칙은 비지배 평화의 원칙으로 해석되고 발전되어야 한다. 비지배 평화의 원칙은 국익을 당연시하는 미국 우선주의와 같은 민주주의와 병립이 가능한 국가의 외교정책에 대하여 근본적으로 비판하고 저항하는 담론의 성격을 가지고 있다.

비지배 자유의 비지배 평화로의 확장은 국제 관계의 공화화, 특수한 국제 관계로서 남북 관계의 공화화를 위한 시도다. 여기에서 두 경로를 상상해 볼 수 있다. 첫째, 국제 관계의 공화화를 국내적 기획의 연장으로 생각해 볼 수 있다. 이 인식론적 연속은, 비지배 자유를 국제적 수준의 이상으로 설정하고 국제적 수준에서 공화주의의 구성 요소인 혼합정체와 견제하는 시민들을 조직하는 것이다. 국제적 수준에서 세계공화국 만들기와 그 기초로 세계시민사회를 상상하는 것, 한반도 수준에서 '공화국 연합제'를 구상하는 것 등이 그 예들다. 둘째, 국내와 국제의 사유에서 인식론적 단절을 기초로, 세계공화국과 같은 것이 불가능하다면, 다양한 형태의 국제 제도, 한반도적 제도와 같은 기능적 등가물을 만드는 경로다.

다른 한편 국제 관계와 남북 관계의 공화화는 국가 성격 자체의 전환을 필요로 한다. 사회계약론이 나오고 베스트팔렌조약으로 국민국가가 만들어진 역사는 그리 길지 않다. 본질적으로 국가는 정치적 상상력을 제도화하면서 만들어 온 공동체의 틀에 불과하다. 굳이 바깥이 존재하지 않는 하나의 제국을 건설하지 않아도 국가의 성격이 변화함으로써 존재하지만 존재하지 않는 국경선으로 새롭게 글로벌 공화국을 만들 수 있다. 그 핵심은 삶의 현장으로서 지역(local)이 주권에 해당하는 권한을 가지고 신뢰에 기초한 연대(solidarity)를 만들어 가는 연방/연합주의를 다양한 방식으로 실험해 가는 것이다. 우리는 이 새로운 국가를 '시민국가'로 명명한다. 국제적 수준에서 평화 공존과 공동 번영을 추구하는 공화주의적 외교정책은 시민국가들을 통해 실현 가능성이 높아질 수밖에 없다. 시민국가들이 국경을 가로질러 연대성을 확대해 갈 때 우리는 비지배 자유에서 한 차원 더 높은 비지배 평화를 경험할 것으로 기대한다.

비지배 자유에 기초한 평화 공존과 공동 번영을 규범적, 규제적 이상으로 설정하는 새 공화주의적 시각에서 한반도 평화의 길을 모색하는 이 책에는 네 편의 글이 실려 있다. 1장 "공화주의와 제6공화국"은 제6공화국이 공화주의 없는 공화국이었음에 주목한다. 우애가 상실된 국가는 어떻게 폭력을 내재화하게 되는지를 3중의 분단 체제 속에서 설명하고 정당정치의 몰락을 대신한 광장 정치를 시민 정치로 발전시킬 수 있는 가능성에서 제7공화국을 모색한다. 2장 "신공화주의적 평화의 길"은 비지배 자유를 비지배 평화, 비지배 한반도로 번역하려는 이론적 사유 실험이다. 3장 "탄핵 정국과 외교정책"은 탄핵 정국에서 다양한 행위자의 외교정책을 반성하며 '시민 의회'의 한 형태인 '한반도 미래 공론화위원회'가 설정해야 하는 의제들을 제시한다. 4장 "공화주의적 시민국가론을 위한 시론"에서는 글로벌 공화주의가 가능한 방안으로 대국주의 대신 소국주의를 제안한다. 시민국가의 핵심에는 지역의 주권 회복과 연방제가 있음을 강조하고 로컬이 만드는 국제 질서에 주목한다. 특히 군사주의와 적대주의로부터 벗어나기 힘든 동북아와 반둥정신을 내재한 동남아 간의 연대를 모색한다. 시민국가론에 기초하여 한반도가 포함된 아시아에서 공화주의적 질서를 만들려는 시도다.

2025년 6월 10일

이기호·구갑우

한국 경제의 공화적 성장을 위한 실천적 탐색

《새 공화주의 경제 체제》 머리말

한국의 성장과 위기는 칡(葛)과 등나무(藤)처럼 엉켜 있다. 동아시아의 '기적'은 냉전체제의 위기 구조 속에서 이루어졌다. 한국은 지정학적 위기 속에서 일시적으로 열린 기회의 창을 활용했다. 분단과 전쟁의 위협 속에서 수출주도형 산업화, 농지개혁, 인구구조 전환과 인구 배당, 높은 가계 저축률, 적극적인 사회 인프라와 교육투자 등이 어우러지면서 고도성장을 이루었다. 1986~1988년의 3저 호황, 1987년 민주화 운동과 노동자 대투쟁은 그 이전과는 또 다른 성장의 발판을 마련했다. 그러나 이 시기를 거치며 대기업과 중소기업 간 생산성 격차가 확대되면서 경제의 이중화가 진행되었다. 1990년대 초중반부터는 소득 격차까지 벌어지기 시작했다. 세계은행이 지칭했던 동아시아의 '공유적 성장(shared growth)' 모델은 이 무렵부터 서서히 무너지기 시작했다.

한편 한국 경제는 1997년 외환위기를 넘어서면서 글로벌화와 중국경제 성장의 흐름에 올라탔다. 한국은 2010년대 중반까지 성장을 이어가 마침내 1인당 GDP에서 일본을 따라잡기에 이르렀다. 특히 2008년 금융위기 이후 2010년대 중반까지는 중국 특수에 힘입어 삼성, 현대, LG, SK 등이 세계 정상급의 글로벌 플레이어로 등극할 수 있었다. 그러나 이러한 화려한 성장의 이면에는 각종 격차의 심화라는 짙은 그림자가 존재했다. 대기업과 중소기업 간 격차는 더욱 벌어졌다. 외환위기 이후 노동법 개정으로 비정규직이 등장했다. 대기업 고용의 안정성은 높아졌지만 정규직과 비정규직 사이에는 신분제와 흡사한 장벽이 세워졌다. 성장률은 지속적으로 하락해서 0%대의 저성장 시대에 접어들었다.

한국 경제의 성장과 위기는 시행착오의 누적과 맞물려 진전되었다. 계획과 현실의 괴리, 목표와 과정의 빈번한 수정, 그리고 임기응변적 대응이 수없이 반복되었다. 역설적이지만 임기응변이라는, 마치 재즈의 즉흥 연주(improvisation) 같은 대응력은 한국 경제가 그동안 버텨 온 저력이기도 하다. 하지만 이런 반복적인 시행착오 속에서 근본적이고 일관된 경제발전의 목표나 사상을 마련할 수 없었다. 경제 주체들은 급변하는 환경에 마치 카멜레온처럼 필사적으로 적응해 왔지만, 그로 인해 모두가 소진되고 탈진해버린 것이

작금의 현실이다. 한국 경제를 냉철하게 분석하고 성찰할 수 있는 경제사상의 기반이 무너져 버린 상황이다.

2024년 12월의 갑작스러운 계엄 선포는 한국 사회와 경제의 근간을 흔든 충격적인 사건이었다. 산업화와 민주화를 통해 일본을 추격한 한국이 다시 과거로 되돌아갈 수도 있다는 우려가 국내외로 퍼졌다. 이후 6개월간 지속된 정치적 혼란 끝에 새 정부가 들어섰지만 구조적 경기 침체, 미·중 간 지정학적 패권 다툼, 미국 트럼프 행정부가 촉발한 관세 전쟁 등이 기존의 성장 체제를 흔들고 있다. 이러한 격동적인 상황에서 '민주 대 반민주'라는 프레임이 다시 등장했다.

그러나 이분법적 프레임만으로는 현재 한국 경제의 복합적 현실과 미래 비전을 충분히 담을 수 없다. 대기업과 중소기업, 정규직과 비정규직, 수도권과 비수도권 간의 격차 등을 아우르는 극심한 빈부격차와 초양극화가 공동체의 통합을 위협하는 것이 현실이다. 단순한 성장 회복 정책으로는 구조적 위기에 대응할 수 없다. 한국 경제는 포용적인 의사 결정을 수반하는 민주적 질서 확립과 그 내면화뿐만 아니라 공동선, 견제와 균형, 시민적 덕성, 비지배의 자유를 강조하는 새로운 공화주의 사상을 경제 전반에 스며들게 할 필요가 있다. 공화주의 사상은 시민이 자의적인 지배에서 벗어나 참여와 숙의를 통해 각자의 몫을 수행하도록 이끌어간다. 우리는 한국 경제의 구조적 위기를 극복하기 위해 경제사상으로서의 '새 공화주의'를 구성하고 이에 입각한 경제체제의 혁신과 전환을 추진해야 한다고 생각한다.

애스모글루(Daron Acemoglu)는 포용적 제도가 경제성장의 핵심이라고 주장하며 2024년 노벨 경제학상을 수상한 바 있다. 그러나 이러한 주장은 중국의 '위계적 실험주의'라는 현실, 성장의 모순적 면모를 온전히 설명하지 못한다. 중국은 민주적이지 않은 방식으로도 혁신을 일구고 있다. 중국은 제한적이지만 경쟁과 분권, 특히 중앙과 지방정부 간의 권력 배분을 통해 혁신을 뒷받침하는 국가 '규율'을 제공하고 있다. 물론 이 체제의 이행과 장기 지속 가능성은 물음표로 남아 있다.

한국 역시 민주화 이전에는 수출 목표치를 중심으로 한 제한적인 대기업 간 경쟁과 이를 둘러싼 보호주의를 결합했다. 즉 정부의 '규율' 속에서 어느 정도 혁신과 성장이 이루어졌다. 그러나 이제 한국 경제는 '위계적' 또는 '권위주의적' 실험주의 또는 그 유산으로부터 '민주적' 실험주의로 제대로 이행해야 할 과제를 안고 있다. 여기서 말하는 민주주의는 불평등을 초래하는 위계적 지배가 아니라 포용적인 비지배의 자유를 보장하고 시민 각자가 자기 몫을 통해 권력을 견제하는 경제적 민주주의로서의 '새 공화주의'다. 이는 공과 사의 균형 속에서 다양한 경제적 실험과 혁신이 이루어질 수 있도록 여건을 마련하는 것이다.

이러한 문제의식에 입각해 우리는 '권위주의적' 또는 '위계적' 실험주의를 넘어 비지배의 자유에 기반한 '민주적' 실험주의로 향하는 '새 공화주의' 경제사상을 추구하며, 권위주의적 관행을 넘어 비지배의 민주적 질서를 구축하는 방안을 논의하고자 한다.

이를 위해 이 책에서는 네 개의 과제를 논의한다. 1장에서는 한국형 성장체제가 공유적 성장에서 비공유적 성장으로 전환된 원인과 결과를 진단한다. 2장에서는 한국 경제의 현실 인식에 기초하여 새로운 공화주의적 경제체제와 비지배의 질서를 실현하기 위한 경제적 조건과 사상적 기반을 논의한다. 3장과 4장에서는 공화주의적 시각에서 새로운 경제안보 전략과 지역발전 모델을 구상한다. 3장에서는 세계 체제적 위험에 대응하는 글로벌 공화주의의 이론을 재구성하고, 네트워크형 경제안보 및 국가연합 질서의 구상을 제기한다. 4장에서는 지역 불균형 문제에 대응하는 지역 공화주의의 이론을 재구성하고, 비수도권 제조업 지역을 발전모델의 핵심 축으로 재구성하는 방안을 제시한다.

이 책은 한국 경제가 처한 현실을 직시하고 비지배의 자유에 기반한 민주적이고 공화주의적인 경제 질서를 구축하기 위한 실천적 탐색이다. 서구의 공화주의 전통을 참조하면서 논의를 전개하지만, 우리 사고의 뿌리는 한국 경제라는 현실 속에 서 있다. 한반도라는 시공간의 현실 속에 존재하는 한국 경제는, 글로벌 경제 시스템과 그 하위 지역 경제로서의 본질을 모두 담지하고 있다. 우리는 이러한 교차지점에서 한국 경제가 당면한 현실을 마주하고자 했다. 한국 경제의 미래를 열어 갈 새로운 사상적 지형을 마련하기 위한 우리의 논의가 한국 경제가 공화적 성장으로 나아가는 의미 있는 출발점이 되기를 기대해 본다.

2025년 6월 10일

정준호·이일영

새 공화주의 정치연합을 위하여

《위기의 한국 정치와 공화주의 대안》 머리말

마침내 내란 정국이 막을 내리고 국민주권정부를 전면에 내건 이재명 행정부가 탄생했다. 역대 두 번째로 높은 79.4%의 투표율과 "위대한 대한민국의 훌륭한 도구가 되겠다"라고 공언한 이재명 후보의 당선은 대한민국 민주주의의 회복탄력성을 여실히 보여주었다. 선거에서 확인한 민의는 내란 심판과 새로운 대한민국에 대한 열망으로 집약할 수 있다. 이는 한국 정치가 감당해야 할 이중의 과제다. 한국 정치는 어려운 현실의 과제를 지혜롭게 해결해 나가면서 새로운 미래를 열어가는 새 정치 질서를 구축할 수 있을까?

대전환의 정치 질서를 구축한다는 목표는 단지 어느 정치세력이 집권했는가의 문제를 넘어선다. 최소한 향후 10~15년의 정치 사이클 속에서 일관되게 관통할 새로운 사상과 가치, 그리고 이에 근거한 공고하고 폭넓은 정치연합이 형성될 때 비로소 정치 질서의 대전환이 이루어질 수 있다. 우리는 대전환의 정치 질서를 '새 공화주의 정치연합

(New Republican Political Coalition)'이라 규정한다.

이제 최소한 2040년은 물론이고 나아가 2050년까지의 시야가 필요하다. 왜 그런가? 지금부터 2050년까지의 시간은 인류 역사상 전례 없는 속도와 폭으로 지구 행성 조건, 초격차 기술 및 국내외 질서가 흔들리는 이행의 시기이기 때문이다. 기후위기, AI의 티핑 포인트로의 근접, 지구적 수축 사회 국면 등 세 가지 변수만으로도, 인류는 처음 겪는 새로운 도전과 기회를 동시에 맞이하고 있다. 그 이행의 끝은 아직 알 수 없다. 그러나 분명한 것은, 위와 같은 결정적 변수들이 존재하지 않았던 시기에 구축된 사유 체계와 정치 질서가 모든 영역에서 오작동을 일으키기 시작했다는 점이다.

우리는 향후 이 오작동을 고치고 나아가 지속 가능한 정치 사이클을 만들어 갈 사상적 등대를 새로운 공화주의로 규정한다. 왜 그런가? 고전적인 의미에서, 공화주의란 큰 줄기는 모든 영역에서 자의적 지배를 방지하고 공존공영의 국내외 질서를 구축하고자 하는 오랜 사상적 전통이라 할 수 있다. 그런데 2024년 12월 비상계엄 이후 2025년 현재까지 한국 사회를 관통하는 중요한 키워드는 국민주권이다. 이는 시민이 중심이 된 민주주의를 의미한다. 시민민주주의는 단지 선거에서 내란 세력을 심판하는 것을 넘어 보다 풍부한 의미로 확장되어 나가야 한다. 공화주의 전통은 시민들의 일상적이고 능동적 참여, 공동체 정체성, 민주적 헌정주의, 견제와 균형, 시민교육 등 새로운 정치체제 구성의 귀한 지적 자원을 제공해 왔다.

흔한 오해와 달리 공화주의의 전통적 자원은 단지 서구로부터의 수입된 사상에 국한되지 않는다. 과거 정여립의 대동사상과 그 이후 최제우의 동학, 조소앙의 삼균주의 등에는 깊은 민주 공화주의의 사유가 뿌리내려 있다. 현대에 들어와 한국 정치를 민주주의로 이행시킨 민주화운동은, 서구적 교육을 받은 엘리트 학생들의 전혀 새로운 흐름이라기보다는 이러한 오랜 사상적 전통 및 실천의 축적과 맥에 직간접으로 닿아 있는 것이라고 볼 수 있다.

이제 이 공화주의 전통은 21세기 문명적 전환의 조건 속에서 새로운 '건립의 사유(Founding Mentality)'로 부단히 재구성되어야 한다. 오늘날 전 세계의 자유주의, 헌정주의, 민주주의는 공고화되기는커녕 오히려 실존적 위기에 빠져 있다. 대한민국은 흔히 '죽음의 키스'라고 불리는 미국 대통령제를 수입했음에도 불구하고 1987년 민주화 이행 이후에는 거의 예외적으로 민주헌정주의 질서를 지켜온 나라로 평가되어 왔다. 그러나 다시 비상계엄을 겪은 오늘날 더 이상 대한민국도 위기의 예외 지대라고 평가하기는 어렵다.

놀라운 시민 민주주의의 저력으로 급한 불은 껐지만, 이 과정에서 그간 본격 논의되지 못한 수많은 취약점들이 노출되었다. 예를 들어 대통령의 예외적 비상 통치나 이에 무기력하게 순응하는 일부 엘리트 집단들의 문제가 발생했다. 이러한 '비상사태'의 진행을 촘촘히 견제하고 시민의 민주적 통제로 예방하는 것은 기존 주류 담론에서의 개헌과 개혁 논쟁 등에서 거의 등장하지 못했던 이슈들이다. 우리는 이제 모든 질서의 취약점이 드러나는 전환적 시점에서 이를 공화주의의 깊은 사유 저수지를 통해 재해석하고 대안을 구상할 필요가 있다.

아울러 기존의 오랜 취약점에 대한 진단과 처방을 넘어 기후위기, 수축 사회, AI 초격차 등 이미 도래한 '장기 비상사태'에서 정치 질서는 어떠한 새로운 사유와 설계도를 요구하는가 하는 질문에 대해서도 답해야 한다. 예를 들어 공화주의 핵심 개념인 비지배와 자유는 과연 초격차 기술과 디지털 기술주의 사회에서 인간의 존엄성을 어떻게 보장할 수 있을지를 탐구해야 한다.

이 책은 아직 이러한 난제들에 대해 공화주의자로서의 명료한 답을 가지고 있지는 않다. 다만 새로운 해법을 쉽게 말하기에 앞서서 기존 정치적 위기에 대한 단순한 정세 평가를 넘어선 사상 차원의 성찰에서 출발하고자 할 뿐이다.

지난 수십 년 간 한국 정치에 대한 비판적 정치평론과 개헌 해법들은 많았지만 이를 사상적으로 체계적으로 파헤치며 새로운 전환의 사유구조를 만들어 가고자 하는 노력은 여전히 빈곤하다.

정세 논의를 넘어서고자 하는 이 책의 취지에 따라 먼저 정상호는 공화주의 사상 논쟁을 제기한다. 그는 지난 윤석열 행정부 시기에 본격적으로 싹튼 보수·중도 진영 내 공화주의 논의를 진보적 시각에서 비판적으로 점검하면서 향후 공화주의 사상 진영에 피어날 발전적 논쟁의 씨앗을 제기하고 있다. 장은주의 글은 정세 논의를 넘어 사상이 왜 구체적 이슈를 들여다보는 등대가 되는지를 생생하게 보여주고 있다. 오랫동안 한국의 민주공화주의 사상의 형성이라는 화두에 매진해 온 그는 역사적 경로의존성과 정치문화 속에서 검찰 통치가 출현하는 맥락을 분석하고 있다. 임채원은 상상력의 지평을 넓혀 정상호와 장은주의 정치학적 논의를 동아시아 사상 차원의 지적 조류와 접맥하고 이를 제도적 대안 논의의 씨앗으로 발전시키고자 한다.

이 책의 후반부에는 독자들의 참고를 위해 안병진과 채진원의 글을 실었다. 윤석열 행정부 초기에 작성했던 안병진의 글은 당시 공화주의 핵심 개념인 자의적 지배 억제의 관점에서 검찰의 통치 양식을 분석하고 있다. 채진원은 정상호의 진보적 공화주의 사상 제기에 대해 오히려 그 문제의식이 공동체주의와 맞닿아 있다는 반론을 제기한다. 이 두 개의 참고 글을 장은주의 검찰 통치 및 정상호의 진보적 공화주의 글과 함께 읽는다면 향후 공화주의 논의를 보다 논쟁적으로 전개하는 데 도움이 되는 다양한 실마리를 찾을 수 있을 것으로 생각한다.

이 책은 주로 지난 윤석열 행정부 기간 동안을 공화주의 사상의 관점에서 분석하고 있지만 이 토대는 향후 미래적 관점의 새 정치 질서 논의로 연결되어 나갈 다리이기도 하다. 이 책이 앞으로 본격화될 내란 세력에 대한 법적 심판, 사법개혁과 헌정주의의 공고화, 선거법과 헌법 개정, 시민 정치 참여 제도화, 연방제적 지역 공존, 혐오와 차별 극복, 공화주의적 시민교육, 모든 시민의 존엄한 삶의 조건 보장, 다양한 비인간 존재들 및 아직 태어나지 않은 미래 존재들과의 공존, 아시아 및 지구적 질서의 공존공영 등 수많은 실천적 쟁점들이 사상적 차원에서 본격적으로 논의되는 데 작은 디딤돌이 되기를 희망한다.

2025년 6월 22일

안병진

새로운 대한민국을 위한 광장대선 연합정치 시민연대-제 정당 연석회의 공동선언문

대한민국의 시간을 군부 독재 시대로 되돌리고자 했던 12.3 불법계엄에 분노한 시민들은 민주주의 수호와 헌정질서 회복의 염원을 모아 '빛의 광장'을 열었다. 그리고 마침내 내란의 우두머리 윤석열을 파면했다. 내란 완전 청산과 사회대개혁을 향한 희망의 여정을 시작해야 할 때 한덕수 등 내란세력은 새로운 반격을 시작했고, 이는 조희대 대법원의 사법쿠데타로 이어지고 말았다. 국민의 주권이 심각하게 위협받고 있다. 내란은 아직도 계속되고 있다. '대한민국의 모든 권력은 국민으로부터 나온다'는 민주주의 기본원칙마저 무너뜨리려는 극우내란세력과의 전쟁에서 우리는 결코 패배할 수 없다. 광장의 빛을 이끈 주권자 시민의 힘으로 반드시 승리할 것이다.

'광장대선 연합정치 시민연대'와 민주헌정-국민주권수호 정당들은 내란의 완전한 종식과 새로운 대한민국의 길을 열기 위해 힘과 뜻을 모아 '시민사회-제 정당 연석회의'를 개최하고 다음과 같이 선언한다.

하나. 우리는 이번 대통령선거에서 적극적 연대와 협력을 통해 극우내란 세력의 재집권을 저지하고, 국민주권을 수호하기 위해 압도적 승리를 일궈낼 것이다. 또한, 극우내란 세력을 청산하고, 사회대개혁의 과제를 추진하기 위한 광장-연합정치 시대를 열어나갈 것을 선언한다.

하나. 우리는 내란의 완전한 종식과 압도적 정권교체를 위해 더불어민주당 이재명후보를 광장대선후보로 선정하고 지지를 선언한다.

하나. 우리는 극우내란세력에 의한 민주헌정질서 유린과 정치·사회적 퇴행을 바로잡고, 내란 행위에 대한 철저한 진상규명과 법적 책임을 묻기 위해 특검을 추진하며, '반헌법행위 특별조사 위원회'를 설치할 것을 선언한다.

하나. 우리는 윤석열과 한덕수, 최상목의 거부권 행사 때문에 폐기된 여러 법안을 가능한 빠른 시일 안에 재입법화를 추진하는 등 윤석열 정권의 반민주·반민생 폭정을 바로 잡을 것을 선언한다.

하나. 우리는 민주정치 복원과 연합정치 실현을 위한 제도 개혁이 필요하다는 공동의 인식 아래 사회적 합의와 국민적 공감에 근거하여 결선투표제 도입, 의원선거 시 비례성 확대강화, 원내교섭단체 기준완화 등 정치개혁을 추진할 것을 선언한다.

하나. 우리는 국민의 기본권 강화와 헌정질서 수호를 위한 개헌의 필요성에 대해 공감하고, 대선 후 국회 헌법개정특별위원회를 통해 국민참여형 개헌을 임기 내 신속하게 추진할 것을 선언한다.

하나, 우리는 내란의 완전 청산과 사회대개혁 추진을 위한 사회적 대화의 필요성에 적극 공감하며, 다음과 같은 주요 정책과제의 실행방안을 논의하기 위해 시민사회와 제 정당이 참여하는 거버넌스 체계인 '사회대개혁위원회'를 출범시키고 심층 협의를 추진해 나갈 것을 선언한다.

1) 주택·교통·식량·에너지의 공공성을 강화하고, 공공재생에너지 확대를 통해 기후선진국을 실현하며, 기후위

기 너머 정의로운 생태사회를 구현하는 과제.

2) 검찰의 수사권과 기소권을 분리하고, 내란에 부역한 권력기관을 민주적으로 개혁하는 과제.

3) 경제적·사회적 불평등 해소, 사회공공성 강화, 사회복지 확대와 재벌의 기업지배구조 개선, 대-중소기업 간 상생 정책 실시, 그리고 노점상, 자영업자, 중소상인 보호와 지원정책 실행 등 정의로운 경제와 민생이 안정된 사회를 만드는 과제.

4) 모두의 존엄과 공존을 위해 성평등과 인권, 다양성과 돌봄이 기본가치가 되는 민주사회, 그리고 혐오와 차별이 극복되고 사회적 통합이 실현되는 성숙한 선진 사회를 만들어 나가는 과제.

5) 노동관계법 적용의 사각지대가 해소되고, 국제적 수준으로 노동기본권이 보장되며, 일하는 사람들이 안전하고 건강하게 일하고 쉴 수 있는 권리를 보장하는 과제.

6) 식량주권 실현을 위한 농어민과 먹거리 기본권 강화, 균형발전과 지방분권 실현, 그리고 지방재정을 확충하는 과제.

7) 방송통신위원회·방송통신심의위원회의 근본적 개혁, 윤석열 언론장악의 진상규명, 공영방송 사장의 국민추천제와 언론사 내부의 편성·제작 자율성 법제화 등 언론개

혁을 추진하고, 언론·정보통신·문화의 공공성과 표현의 자유가 보장되는 사회를 만드는 과제.

8) 남북 간 평화·협력체계를 구축하고 국익중심의 실용외교를 복원하며, 호혜·평등의 국제질서 형성에 앞장서는 등 평화와 주권이 실현되는 과제.

9) 강제동원과 일본군성노예제 문제에 대한 외교적 보호권 행사, 식민지·국가폭력 진상규명 등 역사정의를 실현하는 과제.

10) 장애인의 권리와 삶의 질이 보장되고, 생명과 안전이 보장되는 사회를 만드는 과제.

11) 교육공공성 강화와 입시위주 교육 개혁, 대학등록금문제 해결과 연구·학술 체계의 혁신 및 대학균형발전 정책을 추진하고, 아울러 청(소)년들의 삶에 희망을 주는 사회를 만드는 과제.

하나. 우리는 정권 교체 후에도 내란극우세력 청산과 사회대개혁 실현을 위해 적극적으로 연대와 협력을 해 나갈 것을 선언한다.

우리는 새로운 대한민국, 사회대개혁을 향한 역사적 전환점에서 작은 이해관계에 좌고우면하지 않고, '빛의 광장'

시민들의 절실한 염원을 실현하기 위해, 국민과 함께 더 크게 나아갈 것이다. 시민의 힘과 정당의 책임이 하나 될 때 극우내란세력을 완전히 청산하고, 정의와 희망의 대한민국을 다시 세울 수 있음을 '빛의 광장'의 열망과 의지를 담아 함께 선언한다.

2025년 5월 9일

광장대선 연합정치 시민연대

더불어민주당·조국혁신당·진보당·기본소득당·사회민주당

국정기획위원회 국정운영 5개년 계획(안) 보도자료

'국민이 주인인 나라, 함께 행복한 대한민국'을 만들겠습니다.

국정기획위원회, 국민보고대회에서 국정운영 5개년 계획(안) 발표
국가비전과 함께 5대 국정목표 · 23대 추진전략 · 123대 국정과제 정부 제안

□ 대통령 직속 국정기획위원회(위원장 이한주)는 2025년 8월 13일(수) 오후 청와대 영빈관에서 국민보고대회를 개최하고, 이재명정부의 국정 청사진인 '국정운영 5개년 계획(안)'을 발표했다.

이재명 대통령도 이날 행사에 참석해 국정기획위원회로부터 '국정운영 5개년 계획'의 수립 과정과 주요 내용을 보고받았다.

ㅁ '국정운영 5개년 계획'은 국가비전과 3대 국정원칙, 5대 국정목표, 123대 국정과제, 재정지원 계획, 입법 추진계획 등으로 구성되었으며,

아동·청소년, 청년, 어르신, 여성, 장애인, 소상공인, 동물반려인 등 대상별 과제를 별도로 제시하여, 모든 국민의 삶을 더 나은 방향으로 변화시키고자 하는 이재명정부의 의지를 강조하였다.

ㅁ 새 정부 국정운영의 지향점이 될 국가비전으로는 '국민이 주인인 나라, 함께 행복한 대한민국'이 제시되었다.

'국민이 주인인 나라'는 언제 어디서나 국민과 소통하며 국민의 주권 의지를 일상적으로 반영하는 국정을 실현하겠다는 의미를 담은 것이며,

'함께 행복한 대한민국'은 국민 모두의 행복을 정책의 최우선 가치로 삼겠다는 의지를 담고 있다.

ㅁ 3대 국정원칙은 ▲경청과 통합, ▲공정과 신뢰, ▲실용과 성과로 설정되었다.

이는 ▲경청을 바탕으로 갈등과 분열을 해소하고 국민을 하나로 모으는 통합의 국정, ▲불공정과 특권을 해소하고 국민에게 약속한 것을 지키는 신뢰의 국정, ▲실용을 바

탕으로 국민의 삶을 변화시키는 성과 중심의 국정을 실천하고자 하는 의미를 담고 있다.

ㅁ 5대 국정목표는 ▲국민이 하나되는 정치, ▲세계를 이끄는 혁신경제, ▲모두가 잘사는 균형성장, ▲기본이 튼튼한 사회, ▲국익 중심의 외교안보로 정하고, 5대 국정목표 아래 23대 추진전략과 123대 국정과제를 제시하였다.

ㅁ 123대 국정과제는 국민과의 약속인 공약과 정책발표문을 중심으로 하되,

국민주권위원회 '모두의 광장'을 통해 접수된 정책제안과 21대 대통령선거 과정에서 체결한 각종 정책협약, 야당이 제시한 공약 중 여당 공약과 유사한 내용, 주요 국정현안과제도 심층 검토를 거쳐 반영하였다.

ㅁ 5대 국정목표별 국정과제 주요 내용은 다음과 같다.

① 국민이 하나되는 정치

국민이 하나되는 정치는 권력기관을 국민의 품으로 되돌리는 개혁을 완성하고, 분열과 대립이 첨예한 대한민국을

경청과 소통을 바탕으로 모두의 공동체로 통합하는 것을 목표로 한다.

'국민이 하나되는 정치' 주요 내용

■ 국민주권의 헌법정신을 구현하는 새로운 헌정체계 실현을 위해 개헌을 추진한다.

■ 검찰·경찰·감사원 등 권력기관의 집중된 권한을 개혁한다.

■ 군의 정치적 개입을 방지하여 군을 국민주권을 수호하는 기관으로 혁신한다.

■ 공영방송 지배구조 개선 등을 통해 방송·미디어의 공공성·자율성·신뢰성을 회복한다.

■ 국민의 국정참여와 숙의공론을 활성화하고, 과거사 진상규명과 희생자·유족의 명예회복을 통해 국민통합 기반을 확립한다.

■ 보훈보상체계를 재정립하고 보훈의료 사각지대를 해소하며, 독립유공자와 유족에 대한 예우를 강화한다.

■ 국민에게 충직하고 유능한 공직자가 우대받는 여건을 조성하고, 적극적인 민원 처리로 국민 눈높이에 맞는 행정서비스를 제공한다.

■ 정부 재정운용 체계를 혁신하고, 공공기관 경영의 자율·책

임성을 강화하여 투명하고 효율적인 국정운영을 추진한다.

■ 국민의 생명·안전을 보호하는 규제는 보완하고, 불합리한 규제는 해소하여 민생안정과 내수활성화를 위한 규제 합리화를 추진한다.

② 세계를 이끄는 혁신경제

세계를 이끄는 혁신경제는 인공지능(AI)·바이오 등 미래 신산업 육성으로 저성장의 위기를 극복하고, 지속가능한 에너지 전환을 통해 한국경제의 재도약을 이끌어 나가는 것을 목표로 한다.

'세계를 이끄는 혁신경제' 주요 내용

■ AI고속도로, 독자 AI 생태계를 구축하고, 차세대 AI반도체·AI원천기술 선점과 최고급 AI 인재를 확보하여 AI 기반 진짜 성장을 견인한다.

■ 개인정보 보호체계 확립, 오남용 대응 등 AI 신뢰기반을 조성하고,공공데이터 적극 개방 등으로 세계 1위 AI정부를 구현한다.

■ R&D 예산 확대, 연구에 전념할 수 있는 기초연구 환경 조성, 핵심인재의 체계적 양성·유치를 통해 과학기술 5대 강국을 실현한다.

■ AI·바이오헬스 등 미래전략산업을 신성장동력으로 육성하고, 반도체·이차전지 등 주력산업 혁신을 추진한다.

■ 벤처투자시장 확대, 스타트업 집중 육성 등을 통해 경제 활력을 제고하고, 중소기업이 글로벌 기업으로 도약할 수 있도록 성장사다리를 구축한다.

■ 국가 핵심산업(AI·바이오헬스·재생에너지 등)에 대한 규제 제로화와 네거티브규제 전환을 추진하고, 메가특구 도입을 통해 지역혁신을 견인한다.

■ 국민성장펀드 100조원 조성 등을 통해 미래전략산업에 대한 투자를 강화하고, 벤처·중소기업이 혁신을 주도할 수 있는 금융생태계를 조성한다.

■ 원스트라이크 아웃제 도입 등으로 자본시장 불공정 거래를 엄단하고, 상법의 시장 안착 등을 통해 신뢰할 수 있는 투자환경을 조성한다.

■ 에너지고속도로 신속 건설을 통해 산업 부문 RE100을 달성하고, 경제·사회 전 분야의 탄소중립, 기후위기 대응능력을 제고한다.

③ 모두가 잘사는 균형성장

모두가 잘사는 균형성장은 지역·계층 간 불평등을 해소하고 수도권과 지역, 대기업과 중소기업, 노동자와 경영자가 함께 성장할 수 있는 '자치분권 기반의 균형성장 국가'를 실현하는 것을 목표로 한다.

'모두가 잘사는 균형성장' 주요 내용

■ 5극3특 중심의 혁신·일자리 거점 조성, 광역 교통망 연계, 행정수도 세종 완성, 2차 공공기관 이전 착수로 골고루 잘사는 대한민국을 구현한다.

■ 중앙 권한의 과감한 지방이양과 국세-지방세 비율 7:3까지 개선 등 지방재정 확충을 통해 실질적 자치분권 체계를 확립한다.

■ 주민자치회 본격실시, '주민 선택 읍·면·동장제' 시범실시로 풀뿌리 민주주의 역량을 강화한다.

■ 지역교육 혁신과 인구감소지역 맞춤형 지원으로 지역 인재를 양성하고, 인구유입 선순환 체계 구축으로 지역의 지속가능성을 확보한다.

■ 서민·소상공인 채무조정 및 금융문턱 완화로 경제적 재기 기회를 제공하고, 경영·금융 부담 완화, 지역상권 활성화로 민생경제 활력을 제고한다.

■ 공적주택 공급 확대, 신혼부부·고령자·1인 가구에 대한 수요맞춤형 주거 지원을 통해 서민 주거안정을 실현한다.

■ 한국형 증거개시 제도 도입으로 중소기업 소송 입증부

담을 완화하고, 기술탈취 행위 제재강화 및 전담지원체계를 마련한다.

- 공정과 상생의 플랫폼 생태계를 구축하고, 경제적 약자의 협상력 강화 및 대기업집단의 사익편취 근절 등을 통해 공정한 시장질서를 확립한다.
- 민사적 불공정행위 억제수단 강화 및 소비자 단체소송 활성화, 분쟁조정제도 선진화 등으로 중소기업·소비자 피해구제의 실효성을 제고한다.
- 결혼·헬스장 등 일상생활에서 소비자 권익을 보호하고, 반복적인 금융사고 발생 방지를 위해 금융회사 책임성을 강화한다.
- K-푸드 수출 확대, 식량안보 강화 등 농어업을 국가전략산업으로 육성하고, 소득·재해 안전망 강화, 농어촌 기본소득 도입 등 살고 싶은 농산어촌을 구현한다.

④ 기본이 튼튼한 사회

기본이 튼튼한 사회는 기본적 삶을 위한 소득·주거·의료·돌봄이 보장되고, 안전하고 존중받는 사회환경 속에서 모두가 창의적 문화를 누리며 각자의 가능성을 실현하는 사회 구현을 목표로 한다.

'기본이 튼튼한 사회' 주요 내용

■ 생명안전기본법 제정 등 국민안전에 대한 국가의 책임을 강화하고, 대형 사회재난과 기후위기에 따른 자연재난으로부터 피해를 최소화한다.

■ 실효적 산재 예방으로 사고사망 비율을 OECD 평균 수준으로 감축하고, 산재보험 대상 확대 및 판정기간 단축 등 산재 국가책임을 실현한다.

■ 기초생활보장제도 개선, AI 기반 복지사각지대 발굴·지원, 장애인 맞춤형 지원체계 구축 등으로 빈틈없는 사회안전망을 구축한다

■ 시설이나 병원에 입소하지 않고 살던 곳에서 노후를 보낼 수 있도록 재가서비스 확충 등 지역사회 통합돌봄체계를 구축한다.

■ 공공병원 혁신·확충, 필수의료 보상체계 개선, 지역별·과목별 의료공급 격차 해소, 소아·응급의료체계 개편 등 지역·필수·공공의료를 강화한다.

■ 부담되는 간병비, 당뇨, 희귀·난치질환, 정신질환 등에 대한 지원을 확대한다.

■ 일자리·주거·자산·교육·복지 등 청년 삶 전반에 대한 지원을 강화한다.

■ 5인 미만 사업장 등 노동관계법 단계적 적용 확대, 노조

법 2·3조 개정, 임금체불 근절, 동일가치노동 동일임금 명문화 등 일터 기본권을 보장한다.

■ 실노동시간 단축을 위한 범부처 로드맵 마련·시행, 연차휴가 활성화, 저소득층 출산 전·후 휴가급여 추가 지급 등 일·생활 균형을 지원한다.

■ 교제폭력·스토킹·디지털성범죄 등 폭력 피해자 지원 강화, 성·재생산 건강권 보장으로 여성의 안전과 권익을 증진한다.

■ 공교육 전반에 대한 국가책임 강화로 교육격차 해소 및 학부모 부담 경감, 시민교육 강화로 민주시민으로서의 전인적 역량 함양을 추진한다.

■ 교사·학생·학부모가 존중·협력하는 민주적 학교 운영 기반 위에서, 교권보호 및 안전한 학교 환경 조성 등 모두를 위한 학교문화를 확립한다.

■ K-콘텐츠 핵심산업(영상·음악·게임 등) 및 연관산업(뷰티·푸드·관광) 육성, 문화예술 창작·향유기반 강화로 K-컬처 300조원·방한관광 3천만 시대를 달성한다.

⑤ 국익 중심의 외교안보

국익 중심의 외교안보는 굳건한 한미동맹과 정예 군사력을 기반으로 한반도 평화 정착과 국익 최우선의 실용외교를 통해 국제사회 의제를 선도하는 글로벌 리더로 도약하는 것을 목표로 한다.

'국익 중심의 외교안보' 주요 내용

■ 북핵·미사일·사이버 등 위협에 대비한 정예 군사력을 건설하고, 인구감소와 국방환경 변화에 대응한 국방개혁을 추진한다.

■ 방산 벤처·중소기업 육성, 방산 R&D 확대 등 K-방산 역량 강화를 통해 방산 4대강국 도약을 견인한다.

■ 남북관계를 화해·협력으로 전환하고, 다방면의 남북교류협력과 평화공존의 제도화로 '한반도 리스크'를 '한반도 프리미엄'으로 전환한다.

■ 사회적 대화 활성화와 평화·통일·민주시민교육으로 국민과 함께하는 대북·통일정책을 추진한다.

■ 국익 중심 실용외교 기조 아래 한미동맹 고도화, 주변국 관계 발전, 외교다변화를 추진하고, 비핵화 및 지속가능한 한반도 평화체제를 구축한다.

■ 경제외교 역량 강화, 다자협의체 논의 주도 및 외교 다변화로 G7+ 외교강국을 실현한다.

□ 국정기획위는 새 정부 국정철학을 집약적으로 구현할

12대 중점 전략과제도 제시하였다.

중점 전략과제는 ▲국민적 관심이 높고 성과 체감효과가 큰 핵심과제로서, ▲정책수요자의 관점에서 국정과제를 재구조화하여 구성하였다.

해당 과제는 다부처·다분야에 걸친 과제 중심으로 구성되어 있으며, 범정부 차원에서 정책자원을 집중 투입하여 성과를 도출해 나갈 예정이다.

ㅁ 또한, 핵심 공약 및 주요 국정과제 이행을 위해 2025년 예산 대비 5년간(2026~2030년) 210조 원을 추가 투자하는 재정투자계획을 마련했으며, 세입확충, 강도 높은 지출 효율화 등을 통해 5년간 210조 원의 재원을 조달하여 추가적인 재정부담 없이 이를 뒷받침할 계획이다.

제·개정이 필요한 법령은 총 951건으로 이 중 법률의 87%(634/731건)를 내년까지 국회에 제출하고, 하위법령의 81%(178/220건)를 내년까지 정비 완료할 계획이다.

ㅁ 국정과제를 효과적으로 이행하기 위해 국가미래전략위원회(가칭)· 대통령실·국무조정실을 중심으로 국정과제 이행상황을 지속 점검하고 조정·보완하는 체계를 구축할 계획이다.

아울러, 국정과제 관련 국민의견을 반영할 수 있는 소통

12대 중점 전략과제 목록

과제명	분야
① 잠재성장률 반등을 위한 진짜 성장 전략 ② 코리아 프리미엄 실현으로 코스피 5천시대 도약 ③ AI 3대 강국 도약으로 여는 '모두의 AI' 시대 ④ 에너지고속도로를 통해 경제성장과 탄소중립 함께 달성	경제
⑤ 국민의 삶을 돌보는 기본사회 ⑥ 인구위기 적극 대응으로 지속·균형 성장 ⑦ 글로벌 소프트파워 5대 문화강국 실현 ⑧ 국가의 성장을 이끄는 인재 강국 ⑨ 재난과 사고로부터 안전한 생명존중 사회	사회·문화
⑩ 자치분권 기반의 '5극3특' 중심 국가 균형성장 ⑪ 지속 가능한 한반도 평화공존 기반 구축 ⑫ 참여와 소통의 국정운영으로 국민통합의 정치 실현	공통 기반

창구를 개설하고, 국정관리시스템을 통해 국정과제 이행 상황을 상시 모니터링하는 한편, 점검 결과를 국무회의에 보고하기로 하였다.

ㅁ 지역공약에 대해서도 국정기획위 內 균형성장특위에서 지자체 의견 수렴, 부처 검토를 거쳐 17개 시·도별 '7대 공약, 15대 추진과제'를 구체화하고, 추진 방향을 마련했다.

향후 지방시대위원회에서 관계 부처, 지자체 등과 협업

하여 지역공약 이행을 총괄·지원해 나갈 예정이며, 향후 국가균형성장 종합계획(5년 단위)에도 지역공약을 반영하여 체계적으로 관리할 계획이다.

이재명정부 123대 국정과제

이재명정부는 대한민국 현대사를 관통하는 시대정신을 '현대적 국민국가 형성(임시정부와 정부 수립)', '산업화(박정희정부)', '민주화(김영삼·김대중·노무현·문재인 정부)'로 규정했다. 또한 오늘날의 시대정신을 '국민행복'으로 정의하고 개인과 공동체의 행복 실현을 목표로 삼았다.

새 정부의 국가비전으로는 '국민이 주인인 나라, 함께 행복한 대한민국'이 제시됐다. 3대 국정 원칙은 '경청과 통합', '공정과 신뢰', '실용과 성과'로 설정됐다. 5대 국정목표는 '국민이 하나되는 정치', '세계를 이끄는 혁신경제', '모두가 잘사는 균형성장', '기본이 튼튼한 사회', '국익 중심의 외교안보'로 정하고, 23대 추진전략과 123대 국정과제를 제시했다.

123대 국정과제는 국민과의 약속인 공약과 정책발표문을 중심으로 하되, 국민주권위원회 '모두의 광장'을 통해 접수된 정책 제안과 21대 대통령선거 과정에서 체결한 각종 정책 협약, 야당이 제시한 공약 중 여당 공약과 유사한 내용, 주요 국정 현안 과제도 심층 검토를 거쳐 반영됐다.

국정과제 전체 체계도

국정목표	추진전략	국정과제	실천과제
국민이 하나되는 정치	1. 국민주권과 민주주의의 확립 2. 정의로운 국민통합의 실현 3. 문제를 해결하는 유능한 정부	19개	79개
세계를 이끄는 혁신경제	1. AI 3대 강국 도약 2. 기초가 탄탄한 과학기술 3. 혁신으로 도약하는 산업 르네상스 4. 기후위기 대응과 지속가능한 에너지 전환 5. 성장을 북돋는 금융혁신	29개	137개
모두가 잘사는 균형성장	1. 자치분권 기반의 균형성장 2. 활력이 넘치는 민생경제 3. 협력과 상생의 공정경제 4. 희망을 실현하는 농산어촌	23개	113개
기본이 튼튼한 사회	1. 생명과 안전이 우선인 사회 2. 내 삶을 돌보는 복지 3. 국민건강을 책임지는 보건의료 4. 인구위기를 극복하는 대전환 5. 누구나 존중받는 일터 6. 내 삶에 기회를 여는 성평등 7. 각자의 가능성을 키우는 교육 8. 함께 누리는 창의적 문화국가	37개	173개
국익 중심의 외교안보	1. 국민에게 신뢰받는 강군 2. 평화 공존과 번영의 한반도 3. 세계로 향하는 실용외교	15개	62개
합 계	23개	123개	564개

국정목표 1. 국민이 하나되는 정치 (19개)

전략 1. 국민주권과 민주주의의 확립

1. '진짜 대한민국'을 위한 헌법 개정 (국조실)
2. 국민의 군대를 위한 민주적·제도적 통제 강화 (국방부)
3. 수사와 기소 분리를 통한 검찰개혁 완성 (법무부)
4. 경찰의 중립성 확보 및 민주적 통제 강화 (경찰청)
5. 감사원의 정치적 중립성 및 독립성 강화 (감사원)
6. 국민주권 실현을 위한 사법체계 개혁 (법무부)
7. 미디어 공공성 회복과 미디어 주권 향상 (방통위)
8. 모두의 존엄과 권리가 보장되는 인권선진국 (인권위)

전략 2. 정의로운 국민통합의 실현

9. 통합과 참여의 정치 실현 (국조실)
10. 국민통합을 지향하는 과거사 문제 해결 (행안부)
11. 나라를 위한 헌신에 합당한 보상과 예우 실현 (보훈부)
12. 전 세대를 아우르는 보훈 체계 구축 (보훈부)

전략 3. 문제를 해결하는 유능한 정부

13. 충직·유능·청렴에 기반한 활력있는 공직사회 구현 (인사처)

14. 국민과 함께 소통하고 혁신하는 정부 (행안부)
15. 국민이 체감하는 지속가능발전 기반 확립 (국조실)
16. 국민권익을 실현하는 반부패 개혁 (권익위)
17. 재정운용의 투명성·책임성 강화 (기재부)
18. 성장과 민생에 기여하는 공공기관 경영 혁신 (기재부)
19. 민생·안전과 공정·상생을 위한 규제 합리화 (국조실)

국정목표 2. 세계를 이끄는 혁신경제 (29개)

전략 1. AI 3대 강국 도약

20. AI 3대 강국 도약을 위한 AI고속도로 구축 (과기정통부)
21. 세계에서 AI를 가장 잘 쓰는 나라 구현 (과기정통부)
22. 초격차 AI 선도기술·인재 확보 (과기정통부)
23. 안전과 책임 기반의 'AI 기본사회' 실현 (과기정통부)
24. 세계 1위 AI 정부 실현 (행안부)
25. 국민이 안심할 수 있는 개인정보 보호체계 확립 (개인정보위)

전략 2. 기초가 탄탄한 과학기술

26. 과학기술 5대강국 실현을 위한 시스템 혁신 (과기정통부)

27. 기초연구 생태계 조성과 과학기술 인재강국 실현 (과기정통부)

28. 세계를 선도할 넥스트(NEXT) 전략기술 육성 (과기정통부)

전략 3. 혁신으로 도약하는 산업 르네상스

29. 신성장동력 발굴·육성으로 첨단 산업국가 도약 (산업부)

30. 주력산업 혁신으로 4대 제조강국 실현 (산업부)

31. 미래 모빌리티와 'K-AI시티' 실현 (국토부)

32. 의료AI·제약·바이오헬스 강국 실현 (복지부)

33. 서비스업 경쟁력 제고로 내수·수출 활성화 (기재부)

34. 제3벤처 붐으로 여는 글로벌 벤처 4대 강국 (중기부)

35. 미래 신기술로 성장하고, 글로벌로 도약하는 중소기업 (중기부)

36. 경제·산업 도약을 위한 신산업 규제 재설계 (국조실)

37. 통상으로 지키는 국익, 흔들림 없는 경제안보 (산업부)

전략 4. 기후위기 대응과 지속가능한 에너지 전환

38. 경제성장의 대동맥, 에너지고속도로의 구축 (산업부)

39. 재생에너지 중심 에너지 대전환 (산업부)

40. 지속가능 미래를 위한 탄소중립 실현 (환경부)

41. 탄소중립을 위한 경제구조 개혁 (산업부)

42. 순환경제 생태계 조성 (환경부)

43. 국가 기후적응 역량 강화 (환경부)

44. 모두가 누리는 쾌적한 환경 구현 (환경부)

45. 4대강 자연성 및 한반도 생물다양성 회복 (환경부)

전략 5. 성장을 북돋는 금융혁신

46. 진짜 성장을 뒷받침하는 생산적금융(국민성장펀드 100조원 조성) (금융위)

47. 코리아 프리미엄을 향한 자본시장 혁신 (금융위)

48. 디지털자산 생태계 구축 (금융위)

국정목표 3. 모두가 잘사는 균형성장 (23개)

전략 1. 자치분권 기반의 균형성장

49. '5극3특'과 중소도시 균형성장 (행안부·국토부)

50. 행정수도 세종 완성 (국토부·행복청)

51. 2차 공공기관 이전 등 균형성장 거점 육성 (국토부·산업부)

52. 주민 삶의 질 향상을 위한 자치분권 역량 제고 (행안부)

53. 지방재정 확충으로 자치재정권 확대 및 지역경제 활성화 (행안부·기재부)
54. 소멸위기지역 재도약을 위한 지원 강화 (행안부)
55. 지역교육 혁신을 통한 지역인재 양성 (교육부)
56. 북극항로 시대를 주도하는 K-해양강국 건설 (해수부)
57. 교통혁신 인프라 확충 (국토부)

전략 2. 활력이 넘치는 민생경제

58. 금융안정과 생산적 금융을 위한 가계부채 관리 (금융위)
59. 서민·취약계층을 위한 포용금융 강화 (금융위)
60. 국민 생활비 부담 경감 (기재부)
61. 다시 일어서는 소상공인, 활기 도는 골목상권 (중기부)
62. 주택시장 안정을 위한 주택공급 확대 (국토부)
63. 두텁고 촘촘한 주거복지 실현 (국토부)

전략 3. 협력과 상생의 공정경제

64. 공정한 시장질서 확립 (공정위)
65. 소비자 주권 실현 및 불공정행위 근절 (공정위)
66. 금융투자자 및 소비자 권익보호 강화 (금융위)
67. 기술탈취는 근절하고, 상생의 기업환경 조성 (중기부)

전략 4. 희망을 실현하는 농산어촌

68. 국민 먹거리를 지키는 국가전략산업으로 농업 육성 (농식품부)

69. 국가 책임을 강화하는 농정 대전환 (농식품부)

70. 균형성장과 에너지 전환을 선도하는 농산어촌 (농식품부)

71. 어촌·연안 경제 활성화를 위한 수산·해양산업 혁신 (해수부)

국정목표 4. 기본이 튼튼한 사회 (37개)

전략 1. 생명과 안전이 우선인 사회

72. 국민안전 보장을 위한 재난안전관리체계 확립 (행안부)

73. 재난 피해 최소화를 위한 예방·대응 강화 (행안부)

74. 국민안전을 위한 법질서 확립 및 민생치안 역량 강화 (법무부·경찰청)

75. 일하는 모든 사람이 건강하고 안전한 나라 (고용부)

76. 흔들림 없는 해양주권, 안전하고 청정한 우리바다 (해수부)

전략 2. 내 삶을 돌보는 복지

77. 기본적 삶을 위한 안전망 강화 (복지부)

78. 지금 사는 곳에서 누리는 통합돌봄 (복지부)

79. 장애인 삶의 질 향상과 기본적 권리 보장 (복지부)

80. 사람과 동물이 더불어 행복한 사회 (농식품부)

81. 사회연대경제 성장 촉진 (기재부)

82. 생애주기별 금융자산·소득 형성 (금융위)

전략 3. 국민건강을 책임지는 보건의료

83. 지속가능한 보건의료체계로 전환 (복지부)

84. 지역격차 해소, 필수의료 확충, 공공의료 강화 (복지부)

85. 일차의료 기반의 건강·돌봄으로 국민 건강 증진 (복지부)

86. 국민 의료비 부담 완화 (복지부)

전략 4. 인구위기를 극복하는 대전환

87. 아이 키우기 좋은 출산·육아 환경 조성 (복지부)

88. 아동·청소년의 건강한 성장 및 다양한 가족 지원 (여가부)

89. 청년의 정책 참여 확대와 기본생활 지원으로 함께 만드는 미래 (국조실)

90. 든든한 노후 보장을 위한 연금제도 개선 (복지부)

91. 인구가족구조 변화 대응 및 은퇴세대 맞춤형 지원 (복

지부)

92. 인구 변동, 디지털 변화, 기후위기에 대응하는 노동대전환 (고용부)

전략 5. 누구나 존중받는 일터

93. 차별과 배제 없는 일터 (고용부)

94. 노동존중 실현과 노동기본권 보장 (고용부)

95. 일, 가정, 삶이 공존하는 행복한 일터 (고용부)

96. 통합과 성장의 혁신적 일자리정책 (고용부)

전략 6. 내 삶에 기회를 여는 성평등

97. 기회와 권리가 보장되는 성평등 사회 (여가부)

98. 여성의 안전과 건강권 보장 (여가부)

전략 7. 각자의 가능성을 키우는 교육

99. AI 디지털시대 미래인재 양성 (교육부)

100. 시민교육 강화로 전인적 역량 함양 (교육부)

101. 교육격차 해소를 위한 공교육 강화 (교육부)

102. 학교자치와 교육 거버넌스 혁신 (교육부)

전략 8. 함께 누리는 창의적 문화국가

103. K-컬처 시대를 위한 콘텐츠 국가전략산업화 추진 (문체부)

104. 전국민이 누리고 세계인과 소통하는 K-컬처 (문체부)

105. 자유로운 예술 창작 환경 조성 (문체부)

106. 모두가 즐기는 스포츠 (문체부)

107. 3천만 세계인이 찾는 관광산업 기반 구축 (문체부)

108. 미래지향적 디지털 미디어 생태계 구축 (방통위)

국정목표 5. 국익 중심의 외교안보 (15개)

전략 1. 국민에게 신뢰받는 강군

109. 국방 환경 변화에 대비한 정예 군사력 건설 (국방부)

110. 한미동맹 기반 전방위적 억제 능력을 바탕으로 전시작전통제권 전환 (국방부)

111. 강력한 국방개혁으로 전투임무에 집중하는 군체계 확립 (국방부)

112. 군인 사기진작을 위한 장병 복무여건 개선 (국방부)

113. K-방산육성 및 획득체계 혁신을 통한 방산 4대강국 진입 (방사청)

전략 2. 평화 공존과 번영의 한반도

114. 화해·협력의 남북관계 재정립 및 평화공존 제도화 (통일부)

115. 국민이 공감하는 호혜적 남북교류협력 추진 (통일부)

116. 분단고통 해소와 인도적 문제 해결 (통일부)

117. 국민과 함께하는 한반도 평화 통일정책 추진 (통일부)

118. 한반도 평화경제 및 공동성장의 미래 준비 (통일부)

전략 3. 세계로 향하는 실용외교

119. 국익 중심 실용외교로 주변 4국 관계 증진 (외교부)

120. 국제사회 공헌과 참여로 G7+외교 강국 실현 (외교부)

121. 경제 안보·통상 위기 극복을 위한 경제외교 역량 강화 (외교부)

122. 북핵 문제 해결과 한반도 평화체제를 향한 실질적 진전 추구 (외교부)

123. 재외국민 안전과 편익 증진 및 재외동포 지원 강화 (외교부·동포청)

참고문헌

구갑우 외(2025). 《탄핵 이후, 새로운 공화국을 위하여》. 박영률출판사.

국정기획위원회(2025a). 〈국정운영 5개년 계획(안)〉. 대한민국 대통령실.

국정기획위원회(2025b). 국정기획위, 이재명 정부의 국정 청사진 제시…123대 국정과제 담아. 대한민국 정책브리핑.

김상준(2019). 《코리아 양국체제: 촛불을 평화적 혁명으로 완성하는 길》. 아카넷.

백승욱(2022). 《1991년 잊힌 퇴조의 출발점: 자유주의 쇄신의 실패와 촛불의 오해》. 북콤마.

백승욱(2023). 《연결된 위기: 우크라이나 전쟁에서 한반도 핵위기까지, 얄타체제의 해체는 무엇을 의미하는가》. 생각의힘.

안병진 외(2025). 《위기의 한국 정치와 공화주의 대안》. 박영률출판사.

이기호·구갑우(2025). 《새 공화주의와 한반도 평화》. 박영률출판사.

정준호·이일영(2025). 《새 공화주의 경제 체제》. 박영률출판사.

Gray, K.(2025). Old Wine in New Bottle: The Far Right in South

Korea. 《New Left Review》.
https://newleftreview.org/issues/ii154/articles/kevin-gray-old-wine-in-new-bottles

Greenberg, U.(2015). *The Weimar Century: German Émigrés and the Ideological Foundations of the Cold War*. Princeton University Press. 이재욱 옮김(2018). "사회주의적 개혁, 법의 지배, 노동 지원 활동 : 에른스트 프렝켈과 '집단적 민주주의' 개념". 《바이마르의 세기: 독일 망명자들과 냉전의 이데올로기적 토대》. 회화나무.

Leipold, B.(2024). *Citizen Marx: Republicanism and the Formation of Karl Marx's Social and Political Thought*. Princeton University Press.

Lukács, G.(1916). *Die Theorie des Romans*. Deutsche Verlags-Anstalt. 김경식 옮김(2007). 《소설의 이론》. 문예출판사.

Pettit, P.(1997). *Republicanism: a theory of freedom and government*. Oxford University Press. 곽준혁 옮김(2012). 《신공화주의: 비지배 자유와 공화주의 정부》. 나남.

지은이

구갑우

북한대학원대학교 교수. 연구 분야는 평화 연구, 국제정치경제, 북한 외교다. 지은 책으로는《국제관계학 비판》(2008),《비판적 평화연구와 한반도》(2007) 등이 있다. 논문으로는 "신공화주의적 평화의 길"(2025), "북한의 '우리 국가제일주의' 담론의 계보학"(2024), "평창 '임시평화체제'의 형성 원인과 전개"(2018), "북한 핵 담론의 국제정치"(2017), "탈식민적 분단국가의 재생산: 남북한과 아일랜드-북아일랜드의 사회적 장벽 비교"(2012) 등이 있다.

백승욱

중앙대학교 사회학과 교수. 서울대 사회학과 졸업, 동 대학원 사회학 박사. 비판사회학회 회장을 지냈다. 연구 분야는 세계체계 분석, 마르크스주의 연구, 중국 사회주의 역사 등이다. 주요 저서로《연결된 위기: 우크라이나 전쟁에서 한반도 핵위기까지, 얄타체제의 해체는 무엇을 의미하는가》

(2023), 《1991년 잊힌 퇴조의 출발점: 자유주의적 전환의 실패와 촛불의 오해》(2022), 《생각하는 마르크스: 무엇이 아니라 어떻게》(2017), 《중국문화대혁명과 정치의 아포리아: 중앙문혁소조장 천보다와 조반의 시대》(2012), 《자본주의 역사 강의: 세계체계 분석으로 본 자본주의의 기원과 미래》(2006) 등이 있다.

유희석

전남대학교 사범대학 영어교육과 교수. 연구 분야는 영문학, 사상사, 사회과학, 과학철학이다. 지은 책으로는 《자본주의근대와 세계문학》(2025), 《한국문학의 최전선과 세계문학》(2013), 《근대 극복의 이정표들》(2007) 등이 있다. 근간 논문으로 "'오월문학'의 세계적 지평에 관하여", "하이데거의 Ge-Stell에 관하여: 과학기술과 서사예술" 등이 있다.

이일영

한신대학교 교수. 서울대 경제학과 졸업, 동 대학원 경제학 박사. 《동향과 전망》 편집위원장, 《창작과비평》 편집위원. '한반도경제', '새 공화주의' 담론을 제기. 주요 저서로 《새 공화주의 경제 체제》(2025, 공저), 《탄핵 이후, 새로운 공화국을 위하여》(2025, 공저), 《뉴노멀 시대의 한반도경제》(2019), 《혁신가 경제학》(2016), 《한국형 네트워크 국가의 모색》(2012, 공저), 《새로운 진보의 대안, 한반도경제》(2009), 《한반도경제론》(2007, 공저) 등이 있다.

장은주

영산대학교 교수. 서울대 철학과 및 대학원 졸업. 독일 괴테 대학교 철학 박사. 참여사회연구소장을 맡았다. 민주적 공화주의에 입각한 한국 민주주의의 혁신에 대해 연구하고 있다. 저서로는 《공화주의자 노무현》(2024), 《공정의 배신》(2022), 《시민교육이 희망이다》(2017) 등이 있다.

황순식

전국비상시국회의 대외협력위원장. 서울대 해양학과 졸업. 진보정당 소속으로 과천시의원, 시의회 의장을 역임했다. 북한대학원대학교 박사 과정에 재학 중이다. 논문으로는 "한반도 지정학과 평화의 기획"(2023)이 있다.